LIEBE LESERIN, LIEBER LESER,

Deutschlands Eisenbahnen könnten vielfältiger nicht sein – sie kommen als flotter Regionalexpress an den Bahnsteig gerollt, winden sich im Taktverkehr durch enge Flusstäler, bummeln mit Dampf durch Wiesen und Wälder, erklimmen auf schmaler Spur die höchsten Berge oder rauschen als hochmoderne U-Bahn durch den Untergrund. Dabei verbinden sie nicht nur kleine und große Ortschaften, Städte und Metropolen miteinander, sondern führen auch zu herrlichen Ausflugszielen.

In 52 Eskapaden werden Deutschlands schönste Bahnstrecken vorgestellt – mal ist man nur ein paar Stunden unterwegs, meist einen Tag oder gleich ein ganzes Wochenende. Stets ist die Reise das Ziel – nicht nur aus dem Zugfenster gibt es viel zu sehen, auch zahlreiche Zwischenstopps laden zum Schauen, Erleben und Entdecken ein. Nützliche Infokästen, Karten und Extratipps machen die Reiseplanung zum Kinderspiel.

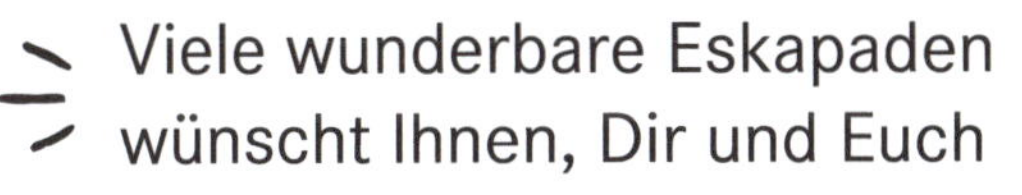

Viele wunderbare Eskapaden wünscht Ihnen, Dir und Euch

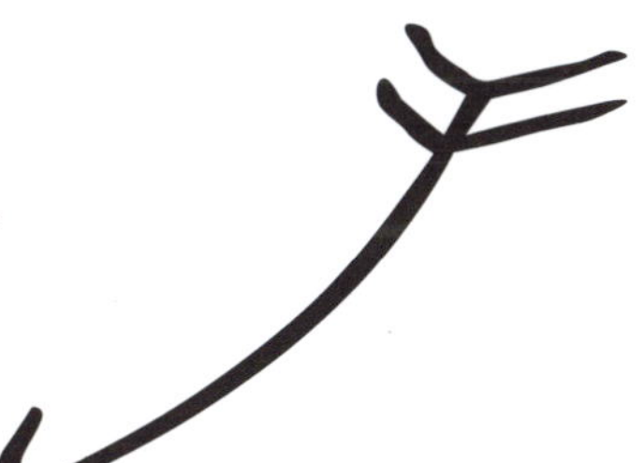

Übrigens: Die GPX-Daten für alle Ausflüge im Buch wie Radtouren und Wanderungen können unter www.dumontreise.de heruntergeladen werden. Mehr dazu auf Seite 231.

IM NORDEN AB SEITE ...

IM HERZEN AB SEITE ...

IM SÜDEN AB SEITE ...

AUSZEIT. ABENTEUER. LEBENSFREUDE.

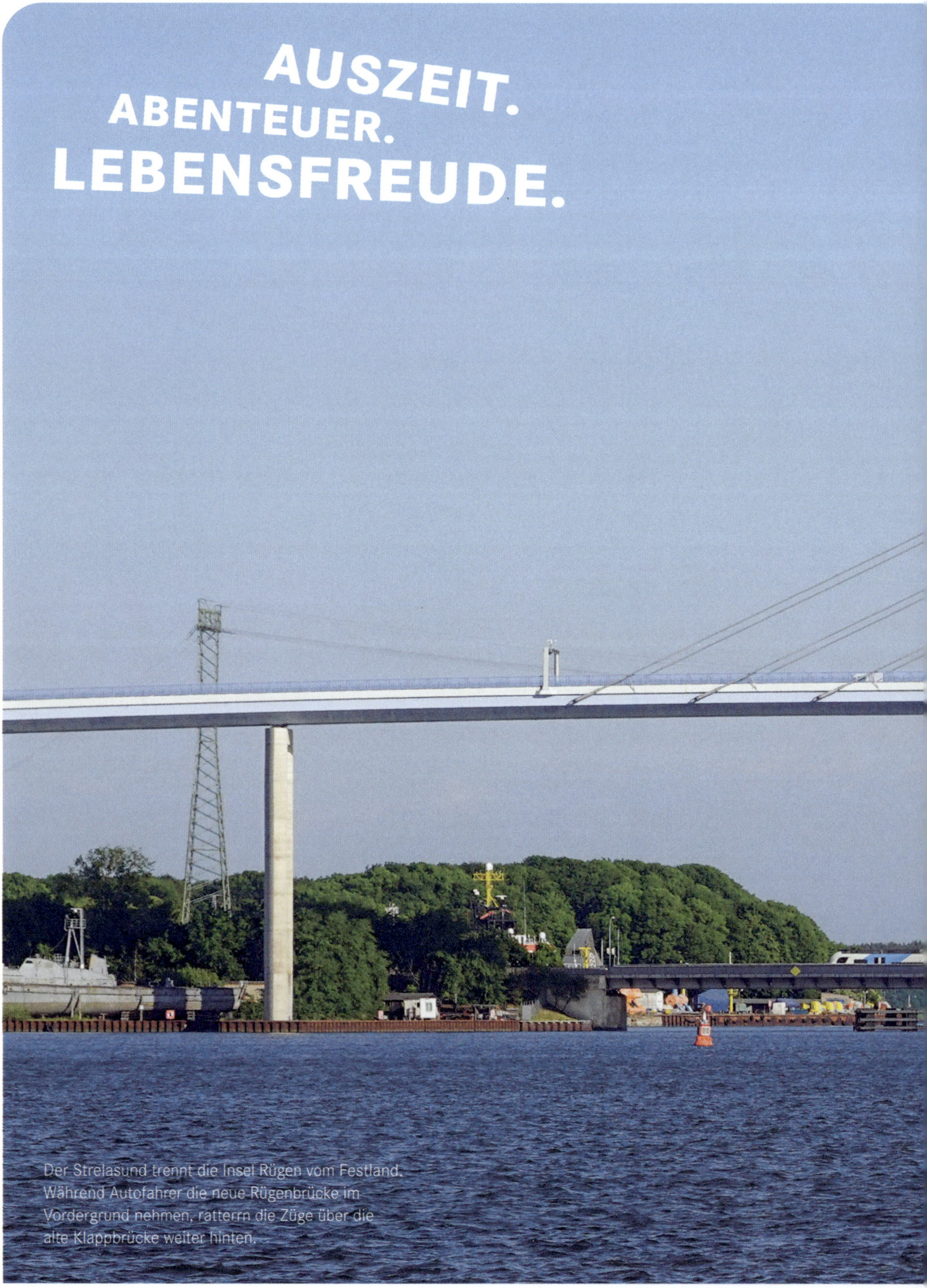

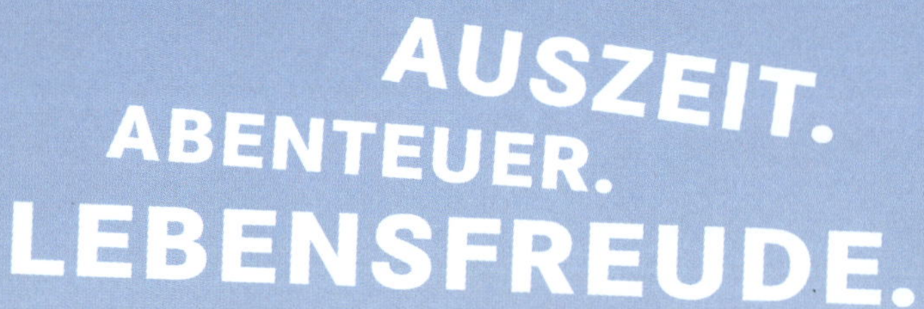

Der Strelasund trennt die Insel Rügen vom Festland. Während Autofahrer die neue Rügenbrücke im Vordergrund nehmen, ratterrn die Züge über die alte Klappbrücke weiter hinten.

1. KAPITEL IM NORDEN

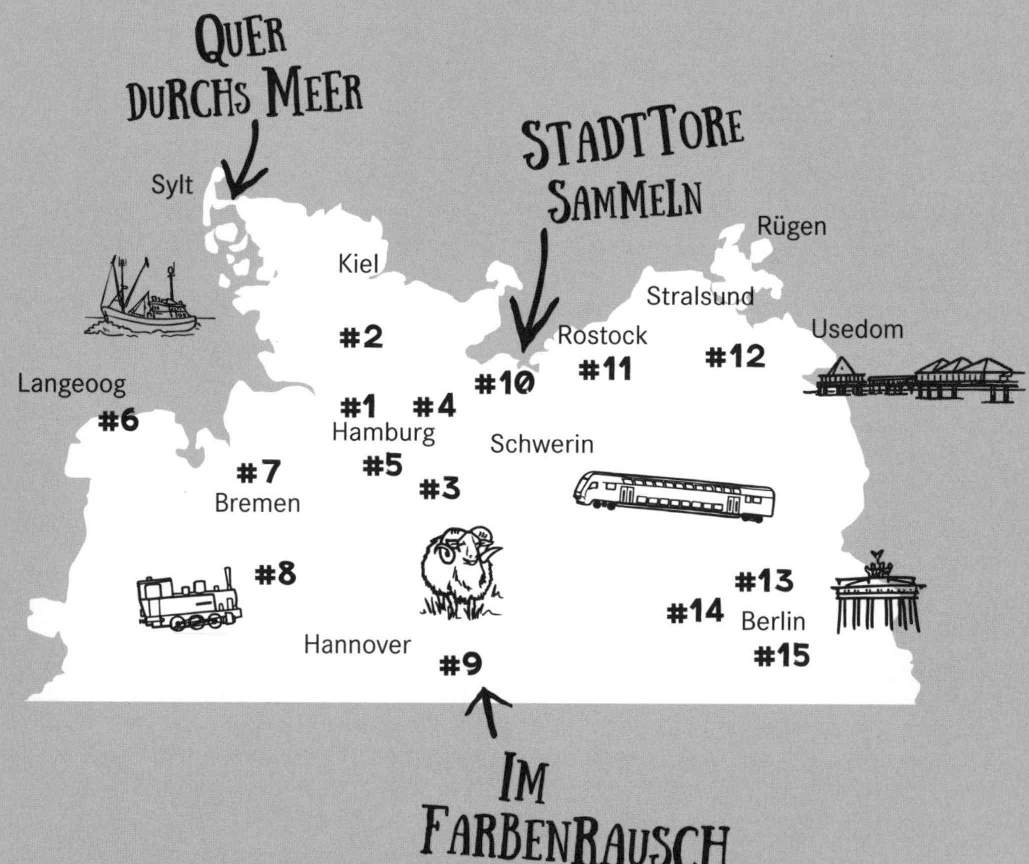

Züge und Meer

Mit dem Regionalexpress an den Ostseestrand, im Schienenbus durch das Teufelsmoor, mit U- und S-Bahn auf Ringstrecken durch Hamburg und Berlin – im Norden ist die Reise mit dem Zug höchst abwechslungsreich ...

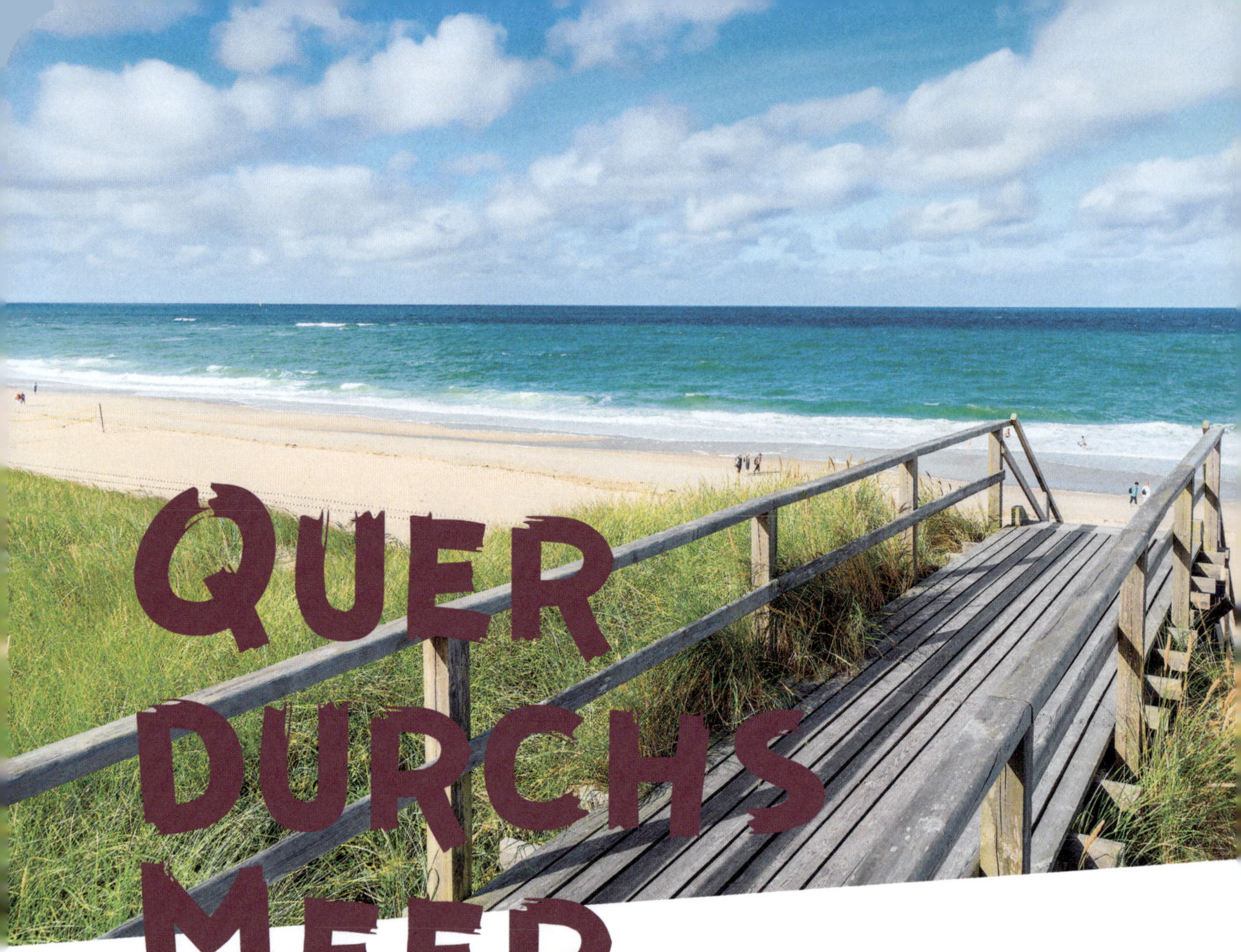

QUER DURCHS MEER

… von Hamburg-Altona nach Westerland (Sylt)

#1

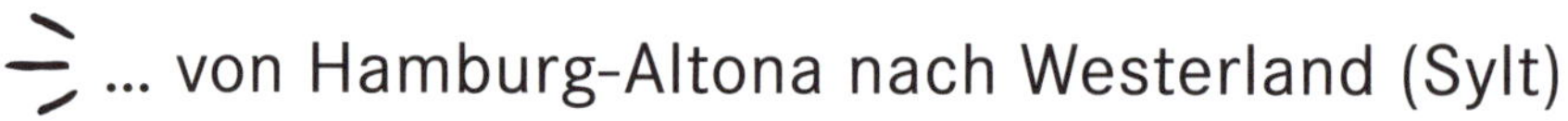

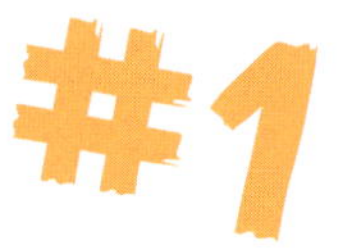

Der Bahnhof Hamburg-Altona ist das Tor zur Insel Sylt, denn hier startet der Regionalexpress RE 6, der auf Deutschlands beliebteste Nordseeinsel fährt. Highlight ist die Fahrt über den Hindenburgdamm durch die Nordseewellen.

#SmallFive #reichundschön #Schlickrutscher

Natürliche Dünen schützen die Küste der nordfriesischen Insel Sylt vor stürmischen Nordseewellen.

Langsam gleitet die lange Wagenschlange aus dem Bahnhof Hamburg-Altona heraus und lässt das Häusermeer der Hafenstadt hinter sich. Das „Fensterfernsehen“ schaltet um auf eine Endlosschleife aus grünen Wiesen, kleinen Waldstücken und einsam liegenden Gehöften. Hinter Itzehoe geht es zur zwei Kilometer langen Hochbrucke Hochdonn hinauf, die in 42 Metern Höhe den Nord-Ostsee-Kanal überspannt. Da lässt sich mit etwas Glück ein Ozeanriese entdecken, der die Abkürzung zwischen den beiden Meeren nimmt. Nach knapp zwei Stunden ist Husum erreicht. Vom Bahnhof sind es nur 500 Meter bis zum alten Binnenhafen, der von bunten Backsteinhäusern mit Cafés und kleinen Läden gesäumt wird. Wer sich an der frischen Nordseeluft ein Krabben- oder Fischbrötchen schmecken lassen möchte, sollte die frechen Möwen im Blick behalten!

Der Husumer Binnenhafen fällt bei Ebbe trocken, die Schifffahrt ist tideabhängig, aber Bummeln jederzeit möglich.

Hin & weg: Der Bahnhof Hamburg-Altona ist mit Fernverkehrszügen aus Berlin, Hannover und Dortmund zu erreichen. Hier fährt der Regionalexpress RE 6 nach Westerland (Sylt) ab.

Beste Reisezeit: im Spätsommer, wenn in den Dünen auf Sylt die Heide blüht

Dauer & Strecke: 1–2 Tage. Die Fahrtzeit auf der 237 km langen Strecke von Hamburg-Altona nach Westerland (Sylt) beträgt knapp 3 Std. Der RE 6 fährt täglich im Stundentakt.

Tickets & Tarife: Im RE 6 und in den Linienbussen auf Sylt gelten der Schleswig-Holstein-Tarif (www.nah.sh) und das Deutschlandticket. Die Adler-Schiffe haben ein eigenes Tarifsystem.

Wenn es Nacht wird: Die Jugendherberge in Hörnum ist günstiger als die Hotels in Westerland, sie liegt wunderbar in Strandnähe mitten in der Dünenlandschaft und bietet darüber hinaus großzügige Familienzimmer. Außerdem gibt es ein abwechlsungsreiches Sportangebot von Biken bis Surfen (www.jugendherberge.de).

Angesichts der 175 Kilo schweren „Wilhelmine" der Sylter Bildhauerin Ursula Hensel-Krüger wird Insulanern und Besuchern leicht ums Herz.

Die Durchsagen im Zug klingen zunehmend ungewohnt. Der RE 6 hält in Bräist, Naibel und Klangsbel? An der Westküste Schleswig-Holsteins ist Friesisch als Zweitsprache verbreitet. Auf Hochdeutsch heißen die Stationen Bredstedt, Niebüll und Klanxbüll. Hinter Klanxbüll steigen die Gleise erneut an - der Zug fährt auf den elf Kilometer langen Hindenburgdamm. In zehn Metern Höhe geht es mitten durch den Nationalpark Schleswig-Holsteinisches Wattenmeer. Bei Flut reicht das Wasser bis zum Fuß des Dammes, bei Ebbe liegt er trocken. Die Aussicht ist grandios. Wer in Fahrtrichtung links aus dem Fenster schaut, entdeckt die Insel Föhr, wer rechts sitzt, kann die Nordspitze und den Ellenbogen der Insel Sylt ausmachen. Sobald der Zug in Weesterlön (Söl) stoppt, ist er am Ziel in Westerland (Sylt).

Auf dem Bahnhofsvorplatz grüßen die „Reisenden Riesen im Wind", eine knallgrüne Figurengruppe, schief, mit wehenden Haaren und seltsamen Proportionen. Etwas zugänglicher wirkt die rundliche Wilhelmine, die sich wenige Meter weiter in einem flachen Brunnen hingebungsvoll ihrer Körperhygiene widmet. Aber nun geht es durch die quirlige Fußgängerzone geradewegs bis zum herrlich weißen Sandstrand am Westufer der nordfriesischen Insel. Wer möchte, mietet sich einen Strandkorb und genießt den Tag am und im Wasser. Sportliche können sich ein Fahrrad leihen und auf der ehemaligen Trasse der Inselbahn durch die nach Heide duftenden Dünentäler in Richtung Norden nach List oder in Richtung Süden nach Hörnum radeln. Zurück fährt ein Linienbus. Die Drahtesel kommen auf einen Gepäckträger am Heck (www.svg-busreisen.de).

Tipp: Wer das Wattenmeer intensiver kennenlernen möchte, nimmt den Linienbus von Westerland nach Hörnum und steigt auf die „Adler-Express" um. Das Schnellschiff verkehrt zwischen Mitte April und Anfang November zweimal täglich von Sylt über Amrum und Hooge nach Nordstrand. Im Hafen von Nordstrand besteht Busanschluss zum Bahnhof Husum, wo man den RE 6 zurück nach Hamburg nimmt (www.adler-schiffe.de).

Fazit: Schon auf der Hinfahrt abschalten? So muss Urlaub sein!

84
351
611

HIMMEL AUF ERDEN

... von Neumünster nach Büsum

#2

In Schleswig-Holsteins stiller Mitte kann man die Natur am Fenster vorüberziehen lassen, abschalten und entspannen. Zwischenstopps lohnen sich in Heide und Wesselburen, während am Ende in Büsum die Nordsee zu einem Sprung in die Wellen einlädt.

#Küstengemüse #Wattschnecke #Heuler #Plattschnacker

Frisch vom Kutter in die Suppe – an der Westküste sind Büsumer Krabben eine Delikatesse.

Neumünster ist ein Eisenbahndrehkreuz. Hier treffen sich die Strecken aus Hamburg, Kiel, Flensburg, Bad Oldesloe und Büsum. Im KulturLokschuppen nördlich des Bahnhofs erzählen historische Dampf- und Dieselloks die Geschichte der Eisenbahnerstadt (www.kulturlokschuppen.de). Ganz modern ist hingegen der Nordbahn-Triebwagen, der vom Bahnhof Neumünster startet und kurz danach in die weiten Wiesen, Moore und Heidelandschaften des Naturparks Aukrug eintaucht. Die gemächliche Fahrt auf der Nebenbahn hat etwas Entschleunigendes. Grasende Rinder blicken träge auf, wenn der Zug vorüberrollt, Rehe huschen davon, Bussarde ziehen am Himmel ihre Kreise. Bei Hohenwestedt verlässt die Strecke den Naturpark, verliert aber nichts von ihrem unspektakulären Charme. Hinter Hademarschen poltert der Zug in etwa 42 Metern Höhe auf der 400 Meter langen Grünentaler Hochbrücke über den Nord-Ostsee-Kanal. Auf dem kann man Container- oder Kreuzfahrtschiffe erspähen.

Vom Bahnhof in Heide ist es nicht weit zu dem mit 4,7 Hektar größten unbebauten Marktplatz Deutschlands. Südlich von diesem widmet sich die Museumsinsel Lüttenheid (https://museumsinsel.heide.de) auch dem niederdeutschen Dichter Klaus Groth (1819–1899). Nach der Abfahrt des Zuges in Heide führen die Gleise quer durch die platten Kohlfelder Dithmarschens. Schon von Weitem kündigt der markante Zwiebelturm der Bar-

In Dithmarschen überwiegt das himmlische Gefühl der Weite, ob auf der rund 400 Meter langen Grünentaler Hochbrücke über den Nord-Ostsee-Kanal oder auf dem riesigen Marktplatz in Heide mit der St.-Jürgen-Kirche.

tholomäuskirche den nächsten Zwischenstopp Wesselburen an. In der Bahnhofstraße lohnt das Kohlosseum einen Besuch. Hier lässt sich die Herstellung von Sauerkraut verfolgen; es kann auch verkostet und - abgefüllt in hübsche Gläser - erworben werden (www.kohlosseum.de), bevor es weitergeht.

Bald rollt der Zug in den Endbahnhof Büsum ein. Frische Nordseeluft und Möwengeschrei empfangen die Reisenden. Durch die Alleestraße, die von Cafés und kleinen Geschäften gesäumte Fußgängerzone, geht es am Museumshafen vorbei zum grasbewachsenen Seedeich. Abhängig von den Gezeiten kann man sich vom grünen Strand in die Fluten stürzen oder zur Wattwanderung aufbrechen.

Tipp: Wer mehr Bewegung braucht, mietet in Büsum ein Rad und strampelt 27 Kilometer bis zur Seehundstation Friedrichskoog (www.seehundstation-friedrichskoog.de).

Fazit: Entschleunigung pur – auf Schienen und am Strand ...

Hin & weg: Neumünster liegt an der Bahnstrecke von Hamburg nach Kiel und Flensburg und ist täglich im Stundentakt mit dem Regionalexpress (RE) zu erreichen. Hier startet die Regionalbahn (RB 63) nach Büsum.

Beste Reisezeit: im Sommer, wenn man in der Nordsee baden möchte

Dauer & Strecke: 1–2 Tage. Die Fahrtzeit auf der 86 km langen Strecke von Neumünster nach Büsum beträgt 1 Std. und 50 Min. Zwischen Neumünster und Heide (Holstein) fährt die RB 63 alle zwei Stunden, weiter nach Büsum stündlich.

Tickets & Tarife: Es gelten der Schleswig-Holstein-Tarif (www.nah.sh) und das Deutschlandticket.

Wenn es Nacht wird: Etwas abseits des Trubels lockt das Strandhotel Bretterbude Büsum mit seinen „Butzen“ genannten hellen Zimmern, viel Meerblick, Spa und Restaurant (www.bretterbude-buesum.de).

SALZ UND SEE(N)

… von Lüneburg nach Kiel

Moderne Akkutriebzüge summen entlang jahrhundertealter Handelswege über Lübeck und durch die Holsteinische Schweiz an die Kieler Förde. Bei schönem Sommerwetter locken ein Badestopp am Großen Plöner See und ein Fischbrötchen an der Kiellinie.

#Schiffegucken #WeißesGold #Sprotten #Möwen

Das Plöner Schloss und der Alte Hafen in Lüneburg sind beeindruckende Zeugen einstiger Blütezeiten.

Die Hansestadt Lüneburg verdankt ihre Blütezeit im 14. Jahrhundert der Salzgewinnung – noch heute erinnern die prächtigen Backsteingiebel im historischen Stadtkern an den Wohlstand vieler Kaufleute. Das „weiße Gold" diente vor allem dazu, die in der Ostsee gefangenen Heringe einzupökeln. Einst musste es mühevoll per Schiff oder Pferdewagen nach Lübeck transportiert werden. Heute geht es mit der Bahn deutlich schneller. Der RE 83 fährt von Lüneburg über Lübeck nach Kiel. Seit Ende 2023 ersetzen neue Akkutriebzüge, die von Strom aus mitgeführten Batterien angetrieben werden, die Dieselfahrzeuge. So sind die Züge ohne Oberleitung umweltfreundlich und emissionsfrei unterwegs.

Der Zug gewinnt rasch an Tempo, fährt schnurstracks durch die flachen Wiesen der Elbniederung, ehe er kurz vor Lauenburg auf einer langen Straßen-Eisenbahn-Brücke die Elbe überquert. In Lauenburg lohnt sich ein kurzer Zwischenstopp. In der Altstadt mit ihren bunten Fachwerkhäusern kann man sich die Beine vertreten und zur Palmschleuse von 1724 spazieren. Die älteste erhaltene Kam-

Historische Flaschenzüge und Lagerhäuser, wie die Salzspeicher an der Trave in Lübeck, erinnern daran, dass der Salz- und Heringshandel mit Skandinavien wesentlich zum Reichtum der Hansestädte Lübeck und Lüneburg beitrug.

merschleuse Europas führte einst in den Stecknitzkanal, auf dem das Salz nach Lübeck transportiert wurde. Der schmale Kanal wurde im Jahr 1900 durch den Elbe-Lübeck-Kanal ersetzt, dem die Bahnstrecke auf ihrem weiteren Verlauf nach Lübeck in mehr oder minder großem Abstand folgt.

In Lübeck kann man einen oder zwei Züge auslassen – oder gleich übernachten – und sich auf die Spuren des weißen Goldes und der Hanse begeben. Vom Hauptbahnhof ist es nicht weit zum Holstentor und den sechs backsteinernen Salzspeichern an der Trave, die zwischen 1579 und 1745 entstanden. Über die Holstenbrücke führt der Weg in die Altstadt, in der die Fassaden des Rathauses und der Kaufmannshäuser den Reichtum vergangener Tage widerspiegeln.

Zeit ist Gold – für Kaufleute und die Deutsche Bahn, aber die Möwe wartet auf Leckereien der Reisenden.

Hinter Lübeck beginnt der landschaftlich schönste Teil der Bahnstrecke. Bei Eutin erreicht der Zug die Holsteinische Schweiz mit der Holsteiner Seenplatte. In unzähligen Kurven schlängeln sich die Gleise durch das grüne Hügelland, zwischen Wiesen und Wäldern glitzern Dieksee, Behler See und Schlöhsee im Sonnenlicht. Im Bahnhof Plön hält der Zug direkt am Großen Plöner See – besonderes bei Hitze empfehlenswert, denn zur Badestelle auf der Prinzeninsel, der weit in den See ragenden Landzunge, sind es nur 1,5 Kilometer. Wer nicht länger in Plön bleiben möchte, absolviert noch schnell die restlichen Zugkilometer bis nach Kiel und lässt den Tag mit einem Fischbrötchen an der Förde ausklingen.

Tipp: In Plön kann man sich im Garten des Cafés Prinzeninsel mit Kaffee und Kuchen stärken (www.prinzensinsel.de).

Fazit: Flüsse, Kanäle, Seen und die Ostsee – mehr Wasser auf einer Bahnfahrt geht nicht.

Hin & weg: In Lüneburg, das an der vielbefahrenen Hauptstrecke zwischen Hamburg und Hannover liegt, halten Nah- und Fernverkehrszüge. Hier fährt der Regionalexpress RE 83 über Lauenburg und Lübeck nach Kiel ab.

Beste Reisezeit: im Sommer, wenn der Große Plöner See zum Schwimmen einlädt

Dauer & Strecke: 1–2 Tage. Die Fahrtzeit auf der 212 km langen Strecke von Lüneburg nach Kiel beträgt 2 Std. und 46 Min. Der RE 83 fährt täglich im Stundentakt.

Tickets & Tarife: Gültig sind der Deutschlandtarif und das Deutschlandticket.

Wenn es Nacht wird: Das Lübecker Hotel an der Marienkirche punktet mitten auf der Altstadtinsel mit freundlichen modernen Zimmern im skandinavischen Design. Und morgens wird man von Kirchenglocken geweckt. Dann bietet das leckere Frühstücksbüfett – samt veganer und laktosefreier Auswahl – eine hervorragende Basis für den Tag. (www.hotel-an-der-marienkirche.de).

57

KISS – UND TSCHÜSS

… von Hamburg nach Lübeck-Travemünde Strand

#4

Im Stundentakt fährt der RE 8 von Hamburg nach Lübeck. Hier wäre Zeit für einen ausgiebigen Bummel durch die Altstadt – doch in Travemünde an der Küste locken der weiße Sandstrand und die Ostsee. Was tun? Einfach zwei Tage fahren!

#Musicalstadt #dickePötte #Hansekönigin #Marzipanbrot

Zwischen Hamburg und der Lübecker Bucht pendelt der moderne KISS – damit sind die Lübecker Altstadt mit ihren Kirchtürmen und Giebelhäusern im Stil der Backsteingotik und die weißen Ostseestrände von Travemünde schnell erreicht.

Die Reise an die Küste beginnt mit einem KISS – so heißen die modernen Doppelstockzüge, die DB Regio auf der Strecke von Hamburg nach Lübeck-Travemünde Strand einsetzt. Das Akronym steht für „Komfortabler innovativer spurtstarker S-Bahn-Zug“ und verspricht nicht zu viel. Die Fahrgäste dürfen sich auf klimatisierte Waggons mit bequem gepolsterten Sitzen und viel Platz für Gepäck, Kinderwagen und Fahrräder freuen. Wer im Oberdeck sitzt, genießt die allerbesten Aussichten.

Und zu sehen gibt es viel. Schon wenige Minuten nach dem Verlassen des Hamburger Hauptbahnhofs rauscht die dunkelblau lackierte Wagenschlange durchs Stellmoorer Tunneltal. Mit etwas Glück lassen sich in den sumpfigen Wiesen des Naturschutzgebiets Störche und Reiher beobachten. Hinter Bad Oldesloe überquert die Bahn das erste Mal die Trave und folgt dieser kurvenreich durch die hügeligen Felder. Noch zwei Male wird der Fluss gekreuzt, dann ist Lübeck erreicht. Vom Hauptbahnhof führt ein Fußweg zum Holstentor, Wahrzeichen der Hansestadt, und auf die von der Trave umspülte Altstadtinsel. Hier sind die meisten Straßen für den Autoverkehr gesperrt oder verkehrsberuhigt, sodass man das Rathaus mit seiner Schaufassade sowie die mittelalterlichen Bürger- und Kaufmannshäuser ungestört genießen kann.

Jetzt ist es nur noch ein Katzensprung ans Meer. Beim Stopp in Lübeck-Travemünde Skandinavienkai – das ist der längste Bahnhofsname Deutschlands – sind bereits die riesigen Fähren nach Skandinavien und ins Baltikum zu sehen. Spätestens beim Verlassen des Bahnhofs Lübeck-Travemünde Strand

kommt Urlaubsfeeling auf. Am Ende der Straße leuchtet verführerisch das Dunkelblau der Ostsee. Wer nicht gleich ins Wasser springen möchte, flaniert auf der breiten Promenade zur Travemündung. Kaum zu übersehen ist das Maritim-Hochhaus. Das Leuchtfeuer auf dem Dachgeschoss in 114 Meter Höhe zählt zu den höchsten Europas. Weitaus unscheinbarer ist die gelbe Boje an der Lotsenstation, die bis zum 3. April 1990 in der Lübecker Bucht die innerdeutsche Grenze markierte und nun auf dem Trockenen an die deutsche Teilung erinnert. In der Nähe legt die Personenfähre zum Priwall ab, wo die 1911 gebaute Viermastbark „Passat" zu bewundern ist.

Tipp: Insider bevorzugen zum Baden den naturbelassenen Priwall-Strand, denn hier geht es tief ins Wasser, und bei Ostwind begeistert die prima Brandung.

Fazit: Erholung pur, sobald sich die Türen des KISS geschlossen haben.

Hin & weg: Der Hamburger Hauptbahnhof ist mit Nah- und Fernverkehrszügen aus allen Himmelsrichtungen zu erreichen.

Beste Reisezeit: Frühjahr und Sommer

Dauer & Strecke: 1–2 Tage. Die Fahrtzeit auf der 83 km langen Strecke beträgt insgesamt eine Stunde und 20 Minuten. Der RE verkehrt täglich im Stundentakt.

Tickets & Tarife: Auf der Fahrt gelten der Schleswig-Holstein-Tarif (www.nah.sh) und das Deutschlandticket.

Wenn es Nacht wird: In einer ruhigen Seitenstraße hinter dem Bahnhof Lübeck-Travemünde Strand steht das Landhaus Bode. Fans von Stilmöbeln und funkelnden Kronleuchtern werden das 3-Sterne-Hotel lieben (www.landhausbode.de).

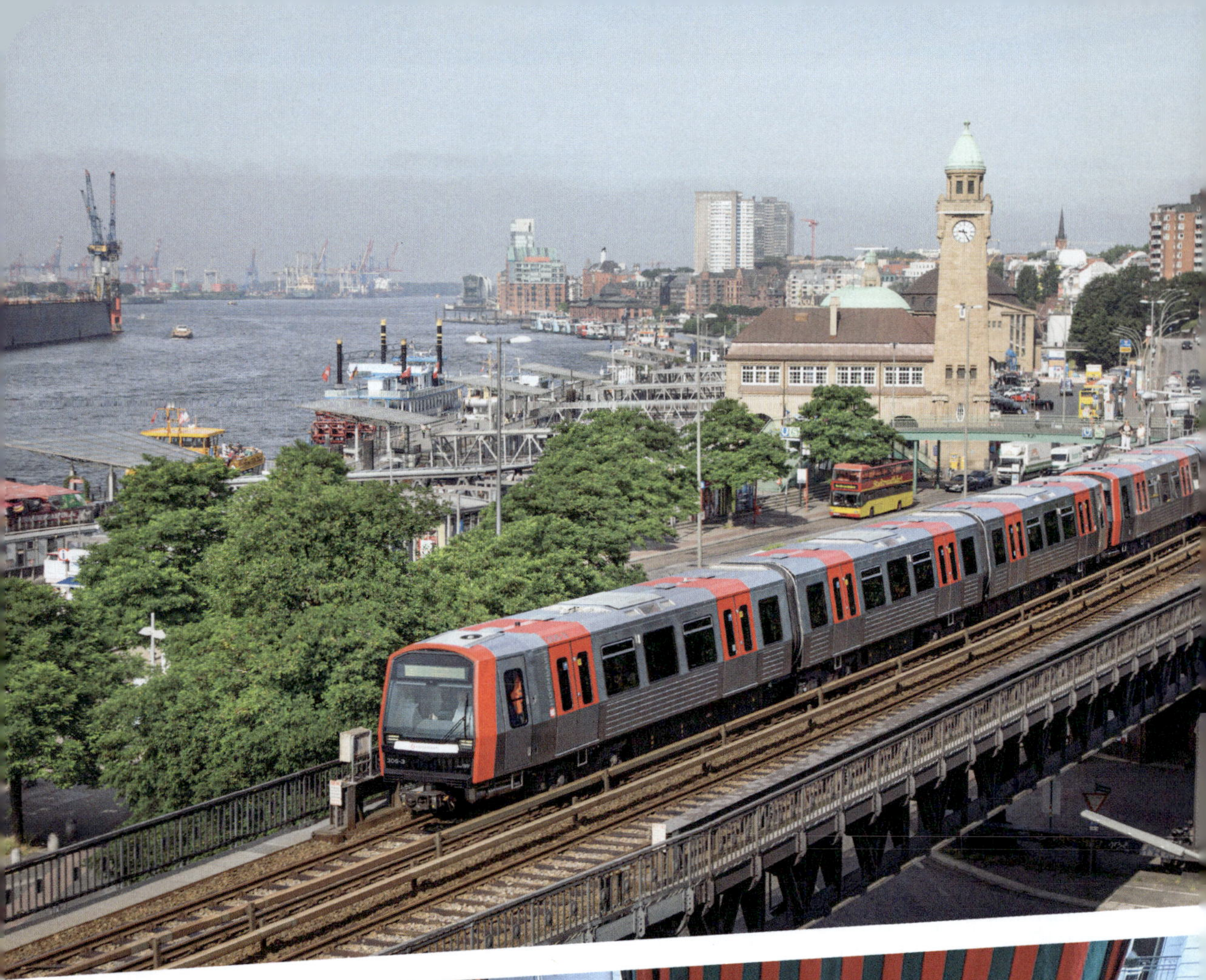

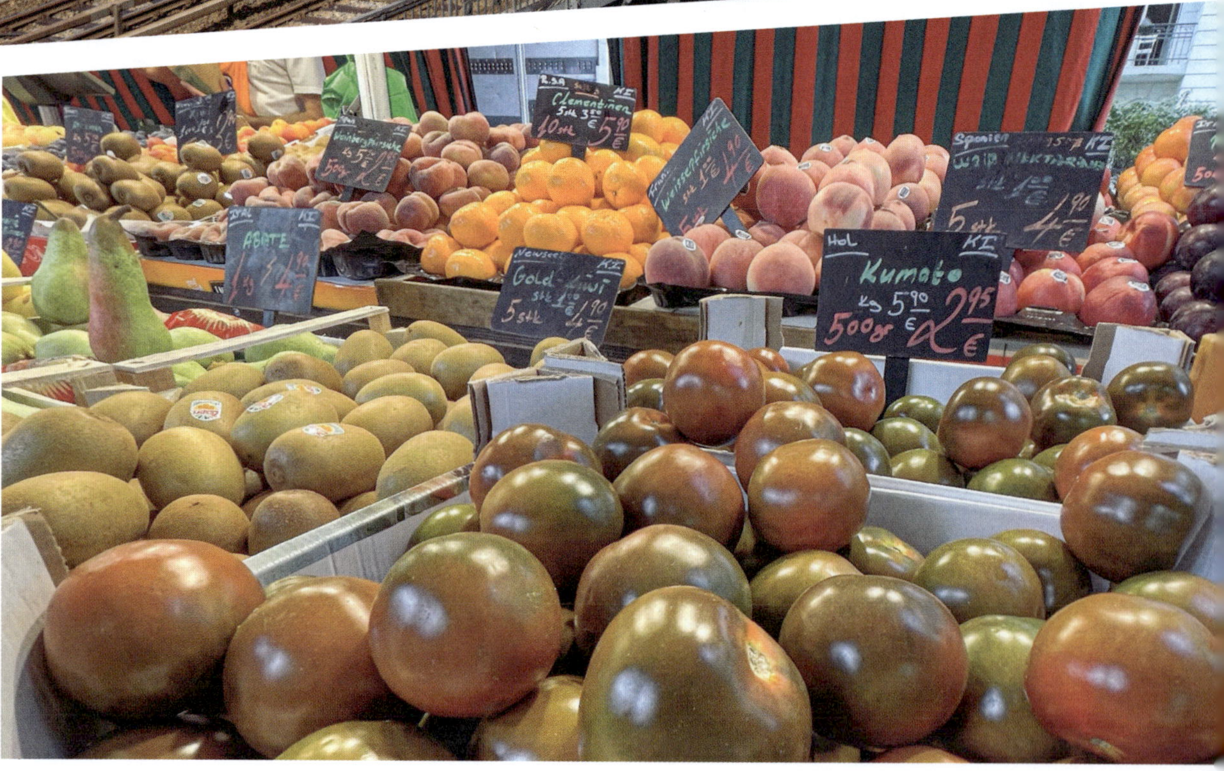
Clementinen
ABATE
Gold-Kiwi
Kumato

STADT-EINSICHTEN

Wer Hamburg auf einer Stadtrundfahrt kennenlernen möchte, muss nur in die U 3 einsteigen. Die U-Bahn-Ringlinie verknüpft viele Sehenswürdigkeiten, darunter das Rathaus, die Elbphilharmonie, den lebendigen Isemarkt und den herrlich grünen Stadtpark.

Die U-Bahn in der Hansestadt wird nach wie vor als Hochbahn bezeichnet, auch wenn zahlreiche Strecken mittlerweile unterirdisch verlaufen. Aber die ersten Abschnitte baute man auf Bahndämmen und Viadukten, mit guten Ausblicken auf Straßen, Plätze, Hinterhöfe, Alster und Elbe. Die älteste Linie ist die 1912 eröffnete Ringstrecke U 3. Los geht‘s in Hamburg-Barmbek. Kurz nach Verlassen der Station „segelt“ die U-Bahn auf einem Viadukt über die Straßen der Stadt, scheinbar mitten durch Wohnzimmer und Büros. Erst kurz vor dem Hauptbahnhof taucht sie in den Untergrund ab. Nun verläuft die Fahrt unter der Mönckebergstraße, Hamburgs schönster Shoppingmeile. Kurz darauf ist die Haltestelle Rathaus erreicht. Vom Bahnsteig sind es nur ein paar Stufen hinauf zum 1897 im Stil der Neorenaissance errichteten Prachtbau und stolzen Sitz der Hamburgischen Bürgerschaft sowie des Senats. Führungen gewähren Einblick in den Plenarsaal und die repräsentativen Räumlichkeiten (www.hamburg.de).

Hinter der Haltstelle Rathaus windet sich die Hochbahn aus dem Tunnel heraus und erreicht – jetzt wieder auf einem Viadukt – die Station Baumwall direkt an der Elbe. In der Nähe lockt die Elbphilharmonie. Das Konzert-

Das mächtige Hamburger Rathaus, die geschäftigen Landungsbrücken am Hafen, das bunte Warenangebot auf dem Isemarkt sowie das majestätische Planetarium zeigen die Hansestadt aus verschiedenen Perspektiven und öffnen darüber hinaus den Blick für die Weiten der Welt und des Universums.

haus bietet von der kostenfrei zugänglichen Plaza herrliche Ausblicke auf Elbe, Hafencity und Innenstadt (www.elbphilharmonie.de). Absolutes Muss ist auch die Elbpromenade. Man spaziert vom Baumwall zur Haltestelle Landungsbrücken und genießt – beim Fischbrötchen – den Blick auf Elbfähren, Container- und Kreuzfahrtschiffe.

Ab Landungsbrücken nimmt man wieder die Hochbahn. Wer über die Reeperbahn bummeln möchte, steigt an der Haltestelle Sankt Pauli aus. Ruhiger geht es zwischen Hoheluftbrücke und Eppendorfer Baum zu – es sei denn in der Isestraße unter dem Hochbahnviadukt findet der Isemarkt statt – angeboten werden meist Bioprodukte aus dem Hamburger Umland, zudem kann man an vielen Ständen lecker frühstücken. Wer sich noch ein wenig die Beine vertreten möchte, kann von der Haltestelle Borgweg aus durch den Stadtpark zum Planetarium spazieren. Das in einem ehemaligen Wasserturm untergebrachte Sternentheater bietet mitreißende Shows und eine Aussichtsplattform (www.planetarium-hamburg.de). Der Hochbahn-Kreis schließt sich im Bahnhof Barmbek.

Tipp: Geht noch was? Dann auf zum Museum der Arbeit mit dem Schneiderad von TRUDE. Der Kosename steht für „Tief runter unter die Elbe“ und bezeichnet die von 1997 bis 2000 beim Bau der vierten Elbtunnelröhre eingesetzte, damals weltgrößte Tunnelbohrmaschine (www.shmh.de/museum-der-arbeit).

FAZIT: ABWECHSLUNGSREICHER UND GÜNSTIGER LÄSST SICH HAMBURG NICHT ENTDECKEN.

Hin & weg: Der Bahnhof Hamburg-Barmbek ist mit S-Bahnen und U-Bahnen zu erreichen. Hier fährt die Ringlinie U 3 ab.

Beste Reisezeit: ganzjährig, dienstags und freitags, wenn man den Isemarkt besuchen möchte

Dauer & Strecke: 1–2 Tage. Die Fahrtzeit auf der 18 km langen Ringstrecke beträgt 39 Min. Die U 3 fährt täglich im 5-Minuten-Takt.

Tickets & Tarife: Der Hamburger Verkehrsverbund (hvv) bietet Tagestickets für Einzelpersonen und Gruppen an. Außerdem gilt das Deutschlandticket.

Wenn es Nacht wird: Gelenkige Reisende kommen für wenig Geld in den Cabins genannten Schlafboxen des Hotels CAB20 nahe des Hamburger Hauptbahnhofs unter. Schön kuschelig, aber nichts für Leute mit Platzangst, doch Hamburger Nächte sind ohnehin oft kurz (www.cab20.de).

NATIONALPARK

BLÜHENDE LANDSCHAFTEN

... von Bensersiel nach Langeoog

Auf der ostfriesischen Nordseeinsel Langeoog verbindet eine meterspurige Eisenbahn den Hafen mit dem Ort. Die Anreise in den bunten Wagen macht Lust auf Sonne, Sand und Meer. Wer weiter ans Ostende radelt, kann sich in der kleinen Inselmeierei mit Dickmilch und Sanddornsaft stärken.

Fairtradeinsel #Hungerblümchen #Silbermöwen #Schritttempo

Die Inselbahn fährt auf der Nordseeinsel Langeoog vom Hafen durch die Wiesen und am Inselwäldchen vorbei bis in den Ort, in dem unter anderem das historische Seemannshus zu finden ist.

Langeoog ist besonders einfach zu erreichen. Per Bahn geht es nach Norden oder Esens. Von beiden Bahnhöfen verkehrt stündlich die Küstenbuslinie K 1 nach Bensersiel, wo alle zwei bis drei Stunden die tideunabhängige Fähre nach Langeoog ablegt. Die Überfahrt dauert 30 Minuten. Die Insel hat ein weiteres großes Plus, sie ist autofrei – Fußgänger können entspannt durch den Ort schlendern, Radfahrer unbeschwert über die schmalen Straßen rollen.

Nach der Ankunft im Hafen von Langeoog sind es nur wenige Schritte zur Inselbahn. Auf die Reisenden wartet eine lange Schlange kunterbunt lackierter Wagen, die von zwei Dieselloks gezogen wird. Offene Plattformen und Holzbänke versetzen die Fahrgäste in die 1920er-Jahre zurück, doch das historische Ambiente täuscht. Loks und Wagen sind erst seit Mitte der 1990er-Jahre in Betrieb.

Nach dem Abfahrtspfiff setzt sich der Zug ruckelnd in Bewegung. In einer Rechtskurve geht es durch die Stöpe im Deich – deren Tore bei Sturmflut geschlossen werden –, ehe laut hupend die Störtebekerstraße passiert wird. Nun führen die Schienen durch saftiggrüne Wiesen, auf denen Schafe und Rinder grasen. Am Inselwäldchen wird die Hafen-

straße überquert, der die Gleise dann bis in den Ort folgen. Mitunter bietet sich den Reisenden ein fröhliches Schauspiel, wenn Radfahrer sich ein Wettrennen mit dem Zug liefern – der immer öfter den kürzeren zieht, seitdem viele Radler auf E-Bikes unterwegs sind. Vor dem Bahnübergang Polderweg wird ein letztes Mal gehupt, dann rollt der Zug in den Bahnhof Langeoog ein.

Hin & weg: Der Hafen Bensersiel ist mit der Küstenbuslinie K 1 ab den Bahnhöfen Norden und Esens zu erreichen. Hier legen die Schiffe zum Hafen Langeoog ab, dort Umstieg zur Inselbahn.

Beste Reisezeit: im Sommer

Dauer & Strecke: 1–2 Tage. Die Fahrtzeit auf der 2,6 km langen Strecke vom Hafen zum Bahnhof Langeoog beträgt 7 Min. Die Inselbahn fährt immer im Anschluss an die Schiffe.

Tickets & Tarife: Die Fähren und die Inselbahn haben ein eigenes Tarifsystem (www.langeoog.de).

Wenn es Nacht wird: Das schicke Hotel Dünenläufer bietet 17 gemütliche Kojen. In der Hafenkneipe Toms Bar gleich unten im Haus kann man den Tag ausklingen lassen (www.dünenläufer.de).

Wer den Tag an der Nordsee verbringen möchte, folgt einfach der Hauptstraße bis zum Wasserturm. Von da geht es auf schmalen Pfaden durch die Dünen zum weißen Sandstrand. Oder man mietet sich am Bahnhof ein Rad und strampelt etwa elf Kilometer an den Salzwiesen längs zum Ostende der Insel. Am Osterhook lassen sich bei Ebbe Seehunde beobachten. Unterwegs serviert die Inselmeierei hausgemachte Dickmilch mit Sanddornsaft (www.falke-meierei.de). Zurück geht es durch die blühende Dünenlandschaft des Pirolatals. Von Frühsommer bis weit in den Herbst hinein bezaubern Besenheide, Dünenrosen, Hornklee und Hungerblümchen. Im Ort lohnt das Seemannshus einen Besuch. In dem Heimatmuseum wird gern und viel geheiratet, davon zeugen all die Backsteine mit Datum und Initialen von Frischvermählten im Pflaster – einmal drum herum ums Haus…

Fazit: Ein Tag auf Langeoog ist gut, zwei Tage sind besser!

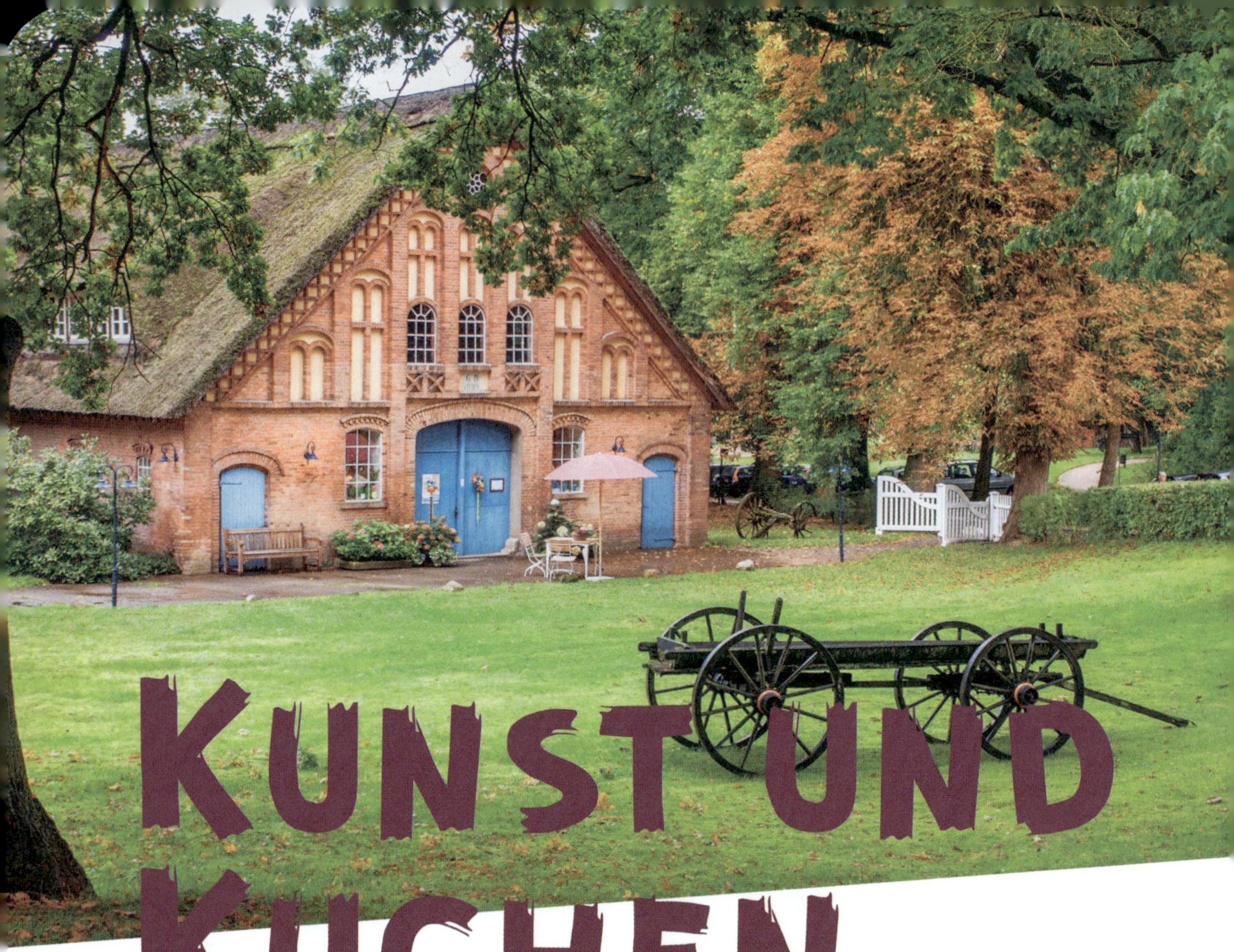

Kunst und Kuchen

... von Bremen nach Stade

#7

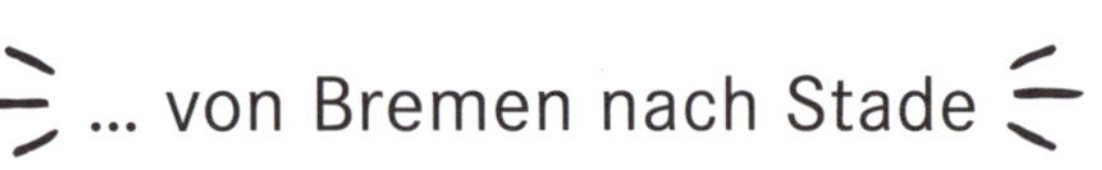

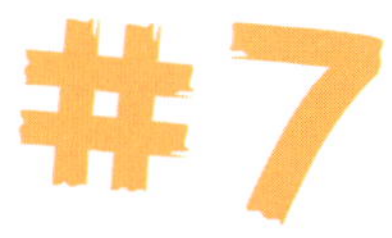

Zwischen Wesermarsch und Elbniederung bummelt der historische Moorexpress durch das Teufelsmoor und über die Stader Geest. Zwischenstopps lohnen sich in der Künstlerkolonie Worpswede und im hübschen Café des Bahnhofs Deinste.

#Torfkähne #EselHundKatzeHahn #AltesLand

Das Bremer Schnoor gehört wie das Künstlerdorf Worpswede zu den Highlights im Norden.

Kann man nach Bremen fahren, ohne den Stadtmusikanten einen Besuch abzustatten? Kann man, aber dann verpasst man nicht nur die in Bronze verewigte fröhliche Rentnertruppe mit Esel, Hund, Katze und Hahn am Rathaus, sondern auch andere Attraktionen in der Altstadt, etwa den Roland, der mit dem Rathaus zum UNESCO-Weltkulturerbe zählt, sowie das mittelalterliche Schnoorviertel mit seinen schmalen Gassen.

Abfahrtszeit! Knatternd schiebt sich der Moorexpress aus dem Bremer Hauptbahnhof. Eingesetzt werden Schienenbusse aus den 1960er-Jahren. Die Fahrgäste sitzen auf bequem gepolsterten Bänken in Fahrtrichtung und haben die Strecke gut im Blick. Zunächst geht es in rascher Fahrt nach Osterholz-Scharmbeck. Hier zweigt die eigentliche Moorexpress-Strecke von der Hauptbahn ab, nun beginnt der gemütliche Teil der Reise. Mit

40 bis 50 km/h schaukelt der Schienenbus durch die endlos weite Moorlandschaft. Auf den Leibhaftigen trifft man im Teufelsmoor aber nicht - der Name leitet sich vom plattdeutschen doof für taub, d. h. unfruchtbar, ab. Kurz vor Worpswede überquert der Zug auf

einer Stahlbogenbrücke die Hamme. Worpswede lohnt einen Zwischenstopp. An die bekannte Künstlerkolonie, die hier Ende des 19. Jahrhunderts entstand und der unter anderem die Malerin Paula Modersohn-Becker und der Bildhauer Bernhard Hoetger angehörten, erinnern neben alten auch neue Künstlerhäuser und Ateliers sowie Ausstellungen.

Auf seiner weiteren Fahrt passiert der Moorexpress zahlreiche winzige Stationen, an denen nur bei Bedarf gehalten wird. Nächste größere Stadt ist Bremervörde, wo man sich an heißen Tagen im Vörder See abkühlen kann. Der von Grünflächen, Themengärten und Spiellandschaften eingefasste See liegt nur einen Kilometer nördlich des Bahnhofs (www.parkdersinne-brv.de).

Hinter Bremervörde erklimmt der Moorexpress die Stader Geest, das Moor macht einer

Der Moorexpress hält direkt am Kulturbahnhof Deinste, während Bahnreisende in Stade vom Bahnhof erst einmal quer durch die gesamte Altstadt spazieren müssen, um zu den vielen Cafés am Hansehafen zu gelangen.

gewellten Wald- und Wiesenlandschaft Platz. Nächster Zwischenstopp ist der Kulturbahnhof Deinste. Das Café im wunderschönen Empfangsgebäude ist leider nur sonntagnachmittags geöffnet. Nicht versäumen sollte man einen Blick ins Büro des Stationsvorstehers mit dem alten Signal- und Weichenstellwerk (www.kulturbahnhof-deinste.de). Eine weitere Attraktion sind die hier einmal im Monat startenden Züge des Feld- und Kleinbahnmuseums (www.feldbahn-deinste.de).

Schließlich ist es nicht mehr weit bis nach Stade. Endstation! Vom Bahnhof ist es ein kurzer Spaziergang in die historische Altstadt mit ihren Fachwerkhäusern, die vor allem aus dem 17. Jahrhundert stammen. Beliebte Anlaufstelle ist der Hansehafen mit Schwedenspeicher und Zollhaus. Dabei hätte der Stadtrat in den 1970er-Jahren das einzigartige Ensemble fast für einen Parkplatz geopfert ...

Fazit: Von wegen doofes Moor – hier gibt es viel Schönes zu entdecken!

Hin & weg: Der Bremer Hauptbahnhof ist mit Nah- und Fernverkehrszügen aus Hamburg, Hannover und Dortmund zu erreichen. Hier fährt der Moorexpress nach Stade ab.

Beste Reisezeit: an Wochenenden und Feiertagen von Ende April bis Anfang Oktober, wenn der Moorexpress verkehrt

Dauer & Strecke: 1–2 Tage. Die Fahrtzeit auf der 99 km langen Strecke von Bremen nach Stade beträgt 2 Std. und 20 Min. (www.moorexpress.de).

Tickets & Tarife: Der Moorexpress hat ein eigenes Tarifsystem.

Wenn es Nacht wird: Das Oste-Hotel in Bremervörde ist 1 km vom Bahnhof entfernt und zu Fuß über die ehemalige Trasse der Hafenbahn, die zum Rad- und Wanderweg ausgebaut wurde, zu erreichen (www.oste-hotel.de).

MIT DAMPF INS GRÜNE

… von Bruchhausen-Vilsen nach Asendorf

#8

Mit der Museumsbahn Bruchhausen-Vilsen reisen die Fahrgäste zurück in die Geschichte – mit einer Pappfahrkarte, die vom Schaffner geknipst wird, auf harten Holzbänken in der 3. Klasse und im Schlepp einer qualmenden Dampflok.

#Schweineschnäuzchen #Forsthaus #VilsaWasser

Längst bringt die Eisenbahn keine Güter mehr, sondern nur noch Ausflügler durchs Rutental ans Ziel.

Deutschlands älteste Museumsbahn befindet sich in Niedersachsen. 1964 gründeten vier Eisenbahnfreunde den Deutschen Eisenbahn-Verein (DEV), um die meterspurige Kleinbahn zwischen Bruchhausen-Vilsen und Asendorf zu erhalten. Mit Erfolg! Am 2. Juli 1966 fuhr der erste Museumszug über die Strecke. Der Verein rettete bis heute viele Dampf- und Diesellokomotiven, Triebwagen, Personen- und Güterwagen aus ganz Norddeutschland.

In Bruchhausen-Vilsen stehen im alten Güterschuppen neben dem Empfangsgebäude noch Kisten, Körbe und Koffer sowie Behältnisse für Schweine, Hühner und Tauben. Einst vom Stationsvorsteher mit Frachtzetteln beklebt, sollten die „Güter" sicher ans Ziel kommen. Im nahen Betriebswerk dürfen sich die Besucher frei durch die große Abstell- und Wartungshalle bewegen und die vielen Fahrzeuge bewundern. Besonders hübsch ist der

Sympathieträger auf der Schmalspurschiene sind das „Schweineschäuzchen“, der Salonwagen Nummer 13 mit den gemütlichen roten Plüschbänken sowie die hilfsbereiten und freundlichen Schaffner.

Salonwagen Nummer 13 aus dem Jahr 1901 mit dunkelroten Polstersitzen und tapezierten Innenwänden.

Pünktlich auf die Minute lässt der Schaffner seine Trillerpfeife ertönen. Mit mächtigen Auspuffschlägen setzt sich die kleine Dampflok an der Spitze des Zuges in Bewegung. Sie muss rasch Fahrt aufnehmen, denn gleich hinter dem Bahnhof beginnt die lange Steigung hinauf nach Heiligenberg. Laut bimmelnd werden mehrere Bahnübergänge passiert, ehe der Zug vom dunklen Grün des Vilser Holzes verschlungen wird. Kurze Zeit später lichtet sich der mächtige Buchenwald, und helles Sonnenlicht fällt in die holzvertäfelten Waggons, die fröhlich schwankend über die Gleise rumpeln. Nun verläuft die Fahrt durch offene Felder und Wiesen. Beim

Zwischenhalt in Heiligenberg kann sich die Dampflok von der Bergfahrt erholen, ehe es – nahezu eben und schnurgerade – nach Asendorf weitergeht. Im Endbahnhof ist der Blick in den kleinen Lokschuppen ein Muss. Hier steht das „Schweineschnäuzchen", Baujahr 1932. Seinen Spitznamen verdankt der putzige Schienenbus den langen Motorvorbauten, die von Lastwagen stammen. Das liebevoll restaurierte Schmuckstück ist zuweilen auch noch im Einsatz zu erleben.

Hin & weg: Die Museums-Eisenbahn Bruchhausen-Vilsen ist ab Syke mit der Buslinie 102 alle zwei Stunden zu erreichen. In Syke halten stündlich der RE 9 von Bremen nach Osnabrück sowie die Regio-S-Bahn S 2 von Bremen nach Twistringen.

Beste Reisezeit: Die Museumsbahn verkehrt von Anfang Mai bis Ende September.

Dauer & Strecke: 1 Tag. Die Fahrtzeit auf der 8 km langen Strecke von Bruchhausen-Vilsen nach Asendorf beträgt 40 Min. Samstags und sonntags werden zwei bis drei Zugpaare angeboten (www.museumseisenbahn.de).

Tickets & Tarife: In der Regio-S-Bahn und in der Buslinie 102 gelten der Niedersachsentarif (www.niedersachsentarif.de) und das Deutschlandticket. Die Museumsbahn hat ein eigenes Tarifsystem.

Zeit für die Rückfahrt nach Bruchhausen-Vilsen. Wer möchte, kann unterwegs in Heiligenberg aussteigen, etwa einen Kilometer an der Eyter entlang zur Klostermühle wandern und einkehren. Denn heute beherbergt die historische Wassermühle die Vilser Gerüchteküche (www.vilser-geruechtekueche.de). Ansonsten lockt in Bruchhausen-Vilsen das idyllisch am Waldrand gelegene Wiehe-Bad mit 50-Meter-Bahnen, großer Liegewiese und Spielplatz (www.wiehe-bad.de). Bei einem Spaziergang kann der kleine Ortskern von Bruchhausen-Vilsen mit der romanischen Sankt-Cyriakus-Kirche erkundet werden.

FAZIT: EINE ORIGINALGETREUE REISE IN DIE VERGANGENHEIT.

DB
BAHNHOF UELZEN

IM FARBEN-RAUSCH

Die beschauliche Mühlenbahn erschließt den südlichen Rand der Lüneburger Heide. In Gifhorn sorgen Windmühlen aus Südeuropa für Urlaubsstimmung unter den Reisenden, bei Wahrenholz lockt die Heideblüte, und in Uelzen wartet der Hundertwasser-Bahnhof.

#Heidschnucken #Sinnenreise #Erika #Paddelparadies

Am Braunschweiger Hauptbahnhof scheiden sich die Geister. Für die einen ist der mächtige Gebäuderiegel eine Bausünde, für die anderen ein zeitlos eleganter Zweckbau mit Weltstadtflair - Vorbild war immerhin Roma Termini, der Hauptbahnhof der italienischen Kapitale. Sein Braunschweiger Pendant kann seit 1960 von Nah- und Fernverkehrszügen aus allen Richtungen angesteuert werden, so auch von den Triebzügen der Mühlenbahn von Braunschweig über Gifhorn nach Uelzen. Eingesetzt werden moderne LINT (leichte innovative Nahverkehrstriebwagen), die bequeme Sitze und große Panoramafenster bieten.

Der Zug verlässt den Bahnhof in einer weiten Linkskurve. Schon nach wenigen Minuten weicht das Häusergewirr weiten Feldern, kleinen Waldstücken und einsamen Gehöften. In gemächlichem Tempo geht es von Haltepunkt zu Haltepunkt. Die Reisenden schrecken nur hinter Wenden-Bechtsbüttel kurz auf, wenn der Zug auf einer Stahlbrücke über den Mittellandkanal rumpelt. Nach knapp 40 Minuten Fahrt ist der Bahnhof Gifhorn Stadt erreicht. Die Altstadt mit den Fachwerkhäusern und dem Weserrenaissance-Schloss lohnt einen Zwischenstopp. Nördlich des Schlossparks lockt zudem das Internationale Mühlenmuseum mit Exemplaren aus Deutschland, Griechenland, Spanien, Portugal und Frankreich (www.suedheide-gifhorn.de).

Von Gifhorn benötigt die Mühlenbahn nur eine Viertelstunde bis nach Wahrenholz. Zur Heideblüte im August ein Muss: der Heidjerpfad, ein zwölf Kilometer langer Rundweg von der Ortsmitte zum Heiligen Hain. In dem 56 Hektar großen Heide- und Naturschutzgebiet lädt ein reetgedeckter Schafstall mit rustikalen Holzbänken zur Rast ein. Wer keine belegten Brote dabei hat, kommt nach der Wanderung im Biergarten des Landhotels Heiner Meyer in Wahrenholz wieder zu Kräften (www.landhotel-meyer.de).

Von Wahrenholz geht es mit dem Zug über Wittingen und Bad Bodenteich durch die dünn besiedelte Landschaft weiter gen Norden. Zwei Mal wird der Elbeseitenkanal gekreuzt, hinter Wahrenholz auf einer Brücke, hinter Wieren durch einen Tunnel. Die Fahrt endet im Hundertwasser-Bahnhof Uelzen. Das historische Empfangsgebäude wurde nach Ideen und Plänen des Wiener Künstlers Friedensreich Hundertwasser umgestaltet. Die in fröhlichen Farben und beschwingten Formen gehaltene Station bietet im Inneren sogar eine kleine Grotte mit künstlichem Miniwasserfall und eine erlesene Hundertwasser-Ausstellung (www.hundertwasserbahnhof.de).

Die karge Lüneburger Heide ist 1911 der erste deutsche Naturpark, inspirierte damals als ideale Stadtflucht den Heimatdichter Hermann Löns und bietet heute eine vielfältige Projektionsfläche für kreative Träume.

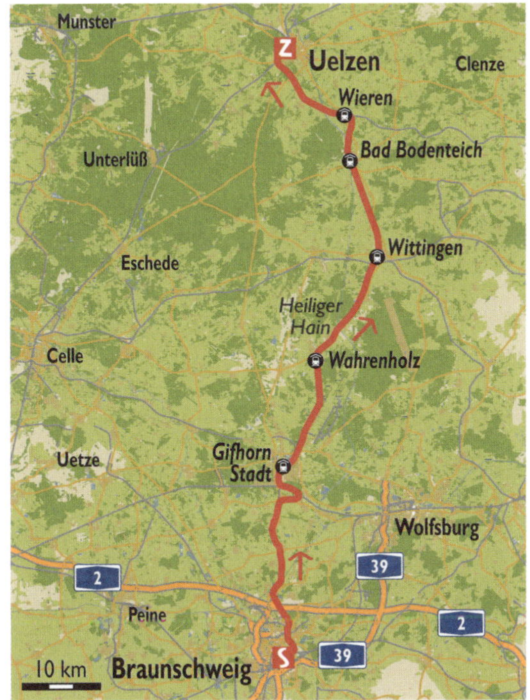

Fazit: Die Heideblüte und der Hunderwasser-Bahnhof sorgen für intensive Farbeindrücke.

Hin & weg: Der Braunschweiger Hauptbahnhof ist mit Nah- und Fernverkehrszügen aus Hannover, Göttingen und Berlin zu erreichen. Hier fährt die Mühlenbahn (RB 47) nach Uelzen ab. In Uelzen sind Umstiege in Richtung Hamburg, Stendal, Hannover und Bremen möglich.

Beste Reisezeit: im Spätsommer zur Heideblüte

Dauer & Strecke: 1 Tag. Die Fahrtzeit auf der 69 km langen Strecke von Braunschweig nach Uelzen beträgt 1 Std. und 50 Min. Die RB 47 fährt täglich im Stundentakt.

Tickets & Tarife: Es gelten der Niedersachsentarif (www.niedersachsentarif.de) und das Deutschlandticket.

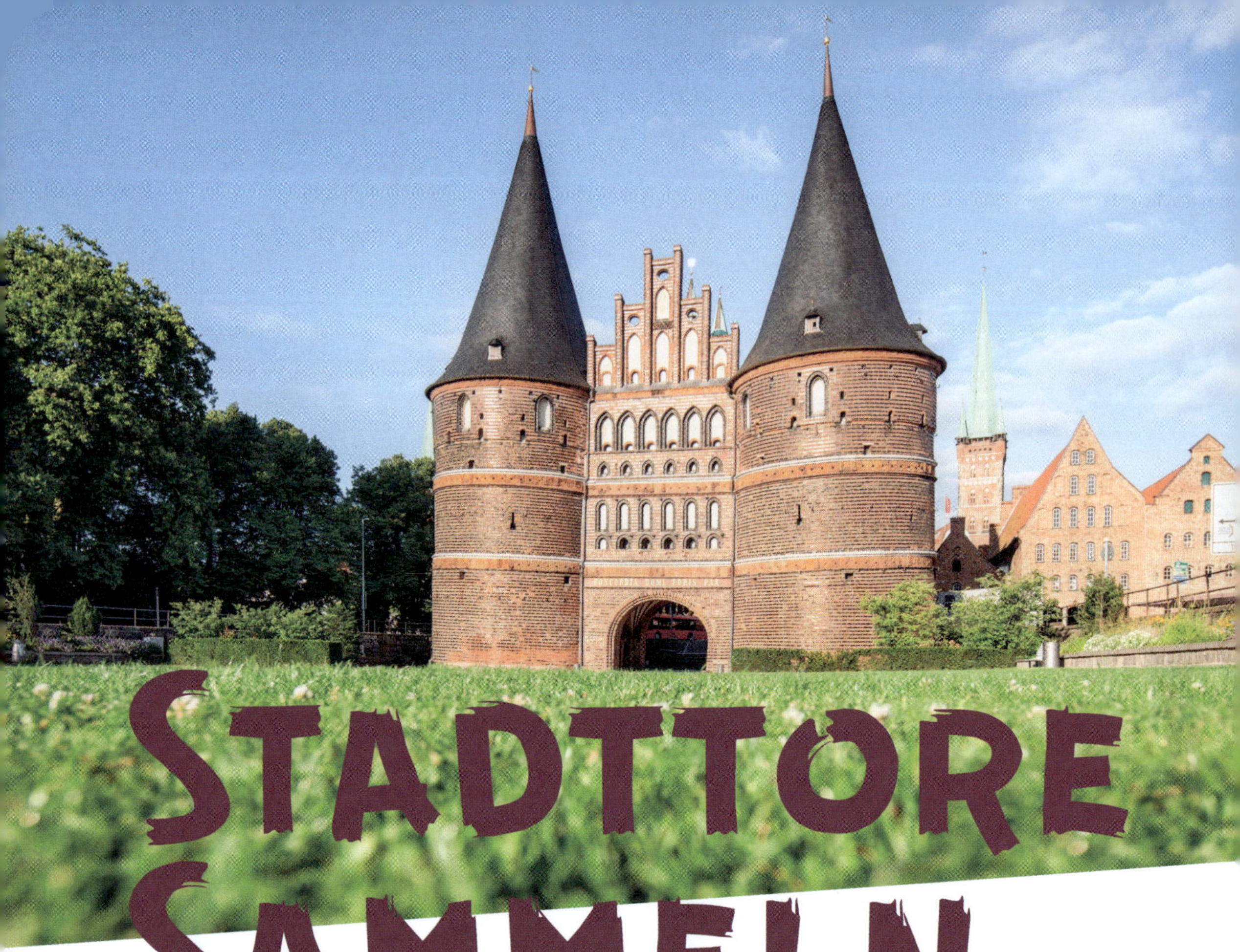

Stadttore Sammeln

… zwischen Lübeck und Szczecin (Polen)

#10

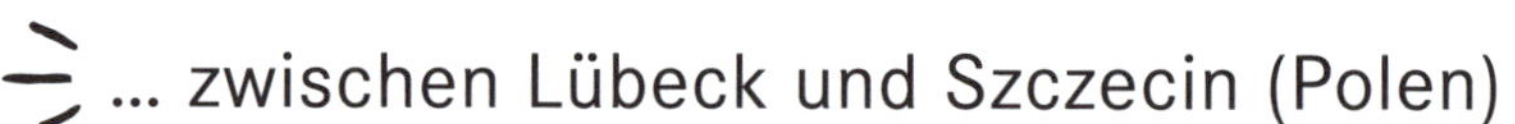

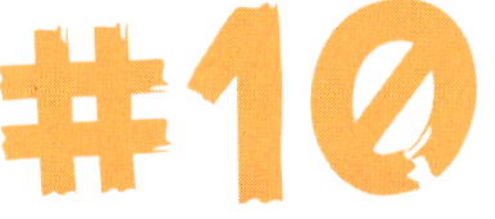

Entlang der Stadttore-Linie von Hansestadt zu Hansestadt und quer durch Mecklenburg-Vorpommern können Bahnreisende einem neuen Hobby frönen – unterwegs so viele Stadttore wie möglich zu bewundern und fotografisch festzuhalten.

#OlleKamellen #Hinkelsteine #Rapsöl #FloatingGarden

Das Lübecker Holstentor und das Malchiner Steintor sind imposante Zeugnisse der Stadtbefestigungen im Stil der Backsteingotik, nach außen wehrhaft, nach innen reich verziert.

Lübeck und das polnische Szczecin (Stettin) liegen 287 Eisenbahnkilometer voneinander entfernt. Die beiden Hansestädte sind Start und Ziel der Stadttore-Linie von Schleswig-Holstein durch das stille Hinterland Mecklenburg-Vorpommerns bis nach Polen. Auf seiner knapp fünfstündigen Reise hält der Zug an insgesamt 31 Stationen. Von DB Regio werden klimatisierte Dieseltriebzüge mit der Aufschrift „Stadttore-Linie" eingesetzt.

Schon vor dem Start wartet mit dem spätgotischen Holstentor nur wenige Hundert Meter vom Lübecker Hauptbahnhof entfernt das erste „Sammlerstück" auf die Reisenden. Die erste Etappe fällt etwas länger aus, ist im Frühjahr aber besonders schön. Denn hinter Lübeck taucht der Zug in gelb blühende Rapsfelder ein, und die Bäume erstrahlen in frischem Grün. Unzählige Gewässer leuchten blau in der Sonne, darunter der Schweriner

See, dessen Nordufer bei Bad Kleinen passiert wird, sowie die Flüsse Warnow und Nebel, die im Raum Bützow gequert werden. Nach zweieinhalb Stunden Fahrt ist Teterow erreicht. Mit dem Malchiner und dem Rostocker Tor gibt es gleich zwei gotische Backsteinbauten aus dem 14. Jahrhundert zu bewundern. Vor der Weiterfahrt kann man sich in „Jenni's Café" am Markt mit einem Stückchen Kuchen stärken (www.jennis-cafe-trifft-auf-genuss.eatbu.com).

Die nächsten Stadttore folgen dann Schlag auf Schlag. Von Teterow sind es nur zehn Minuten nach Malchin. In der Kleinstadt blieb das Kalensche Tor aus dem 15. Jahrhundert

Gelb leuchtende Rapsfelder so weit das Auge reicht – schnell fliegen die Landschaften am Zugfenster vorbei, im Mittelalter freuten sich die Menschen, wenn sie nach beschwerlicher Reise zu Fuß, zu Pferde oder mit dem Ochsenkarren endlich ein Stadttor erblickten, wie das schmucke Stargarder Tor in Neubrandenburg.

erhalten, während das Steintor ein neogotischer Nachbau aus dem späten 19. Jahrhundert ist. 40 Minuten später ist Neubrandenburg erreicht, das Stadttore-Fans auf keinen Fall verpassen dürfen. Das schachbrettartig angelegte Zentrum ist noch heute von einer 2,3 Kilometer langen Stadtmauer umschlossen. Vier Tore aus dem 13. bis 15. Jahrhundert gewähren Einlass: das Friedländer, das Stargarder, das Treptower und das Neue Tor. Weiter geht es mit dem Zug ins 45 Minuten entfernte Pasewalk, das nicht nur mit dem Mühlentor und dem Prenzlauer Tor aufwartet, sondern auch mit einem Eisenbahn-Erlebniszentrum. Im historischen Rundlokschuppen sind zahlreiche Dampflokomotiven zu bestaunen (www.lokschuppen-pasewalk.de).

Die letzte Etappe der Stadttore-Linie führt über den Grenzort Grambow nach Szczecin, wo der Zug im Stettiner Hauptbahnhof, Szczecin Glowny, am Ufer der Oder endet. Auf dem Weg ins Zentrum passiert man das Berliner Tor, das im 18. Jahrhundert barock umgestaltet wurde, und wie das weiter nördlich stehende Königstor einst zur Festungsanlage gehörte. Die Stadt des Wassers, so der Beiname von Szczecin, lässt sich ganz entspannt bei einer Hafenrundfahrt erleben (www.visitszczecin.eu).

Hin & weg: Der Lübecker Hauptbahnhof ist mit Nah- und Fernverkehrszügen aus Hamburg und Kiel zu erreichen. Hier fährt die Stadttore-Linie (RE 4) nach Szczecin (Polen) ab.

Beste Reisezeit: im Frühjahr zur Rapsblüte

Dauer & Strecke: 1–2 Tage. Die Fahrtzeit auf der 287 km langen Strecke von Lübeck nach Szczecin beträgt knapp 5 Std. Der RE 4 fährt täglich mindestens im Zweistundentakt.

Tickets & Tarife: Für die Fahrt auf der Stadttore-Linie empfiehlt sich das Mecklenburg-Vorpommern-Ticket, das ab Lübeck und bis einschließlich Szczecin gilt. Die Tageskarte kann als Einzel- oder Gruppenfahrschein erworben werden. Das Deutschlandticket gilt nicht zwischen Grambow und Szczecin.

Wenn es Nacht wird: Abends einschlafen in Pasewalk, morgens aufwachen in Paris, Rom oder Wien? Klappt im Traum, auch wenn die historischen Schlafwagen zum Übernachten im Eisenbahn-Erlebniszentrum schon lange nicht mehr rollen (www.lokschuppen-pasewalk.de).

FAZIT: AUF DIESER TOUR LASSEN SICH „IN EINEM ZUG" GLEICH 13 STADTTORE SAMMELN.

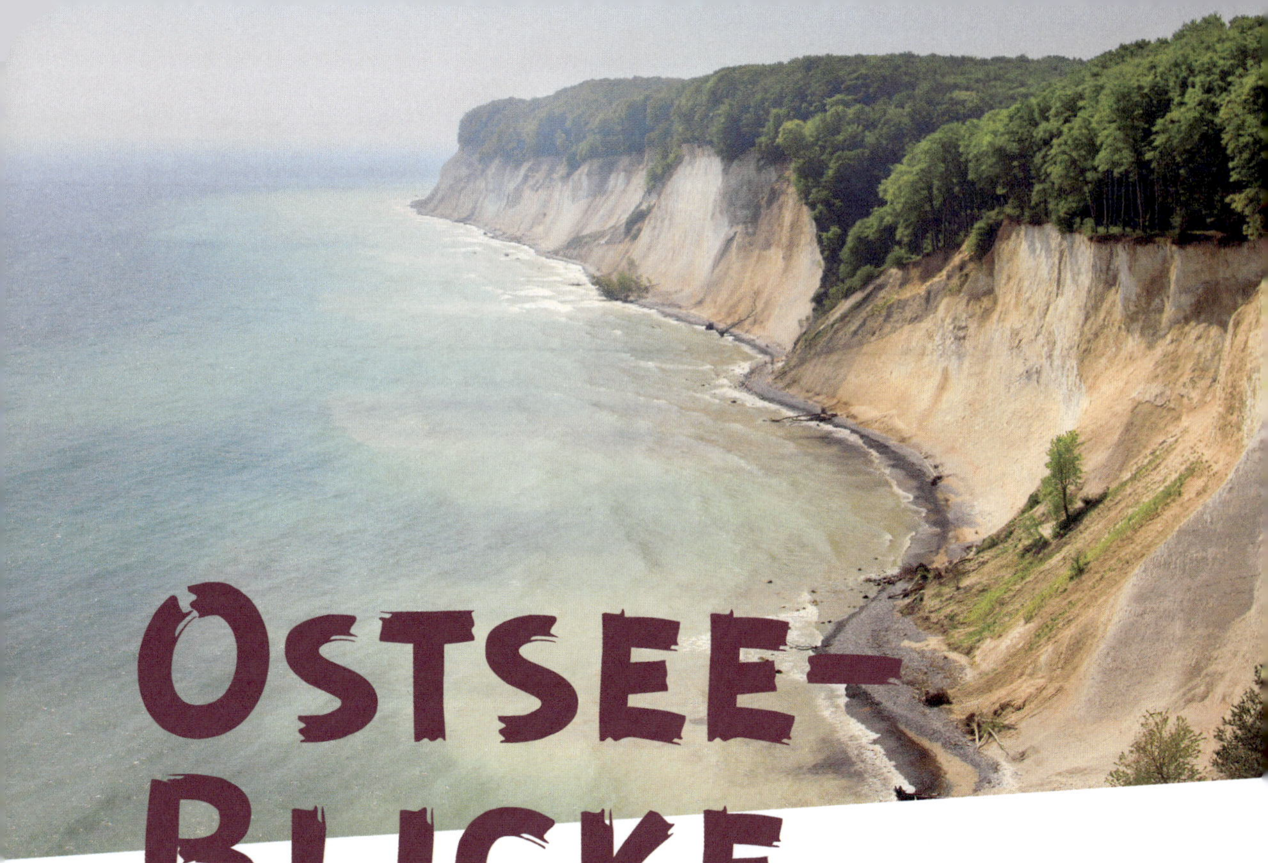

Ostsee-Blicke

... von Rostock nach Sassnitz

#11

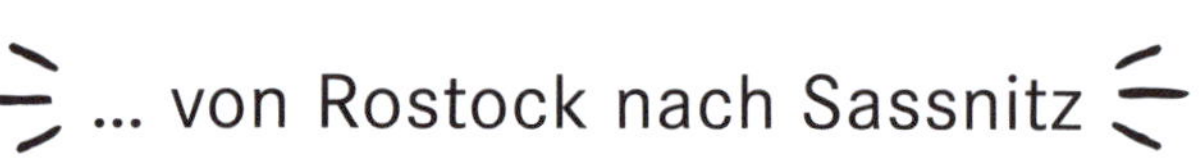

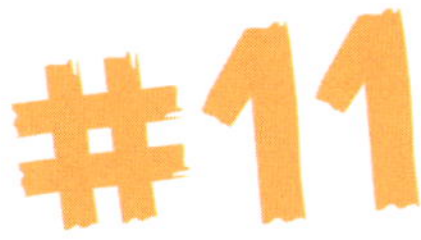

Ein schneller Regionalexpress verbindet die Hansestädte Rostock und Stralsund mit dem einzigartigen Nationalpark Jasmund auf der Ostseeinsel Rügen. Hier laden ursprüngliche Buchenwälder, weiße Kreidefelsen und ein Skywalk zu einer Wanderung ein.

#Bernstein #Seefeeling #Besserwisser #Inselglück #Romantik

Der Nationalpark Jasmund bietet nicht nur prächtige Aussichten, sondern auch stimmungsvolle Einblicke.

Das Empfangsgebäude des Rostocker Hauptbahnhofs leuchtet so blau wie die Ostsee. Hier beginnt die zweistündige Fahrt mit der Ostdeutschen Eisenbahn (ODEG) auf die Insel Rügen. In einer weiten Linkskurve verlässt der moderne Elektrotriebzug die Hansestadt, überquert die Warnow und rauscht wenig später durch die lichten Mischwälder der Rostocker Heide. Bald darauf ist der erste Halt in Ribnitz-Damgarten West erreicht. Der Doppelort liegt am Südufer des Saaler Boddens, der sich zwischen das Festland und die Halbinsel Fischland-Darß-Zingst schiebt. Von dem Bahnhof ist es nur ein kurzer Fußweg in die Altstadt mit der wuchtigen Marienkirche. Auf dem angrenzenden Marktplatz plätschert der Brunnen „Bernsteinfischer mit Familie", und im Ribnitzer Hafen gibt es leckere Fischgerichte direkt vom Kutter „Elfriede".

Die weitere Strecke verläuft beinah schnurgerade gen Osten, ehe sie nach einer engen Rechtskurve in den Hauptbahnhof Stralsund führt. Es sind nur wenige Schritte bis ins historische Zentrum, das mit mehr als 800 denkmalgeschützten Häusern und Kirchen – vor

Auf dem Weg zur Ostseeinsel Rügen sollte man Stralsund keinesfalls links liegen lassen.

allem im Stil der norddeutschen Backsteingotik - zum UNESCO-Weltkulturerbe zählt. Absolutes Highlight ist jedoch das Ensemble am Alten Markt mit Nikolaikirche, Rathaus und Wulflamhaus. Einen optischen Kontrapunkt setzt das Ozeaneum am Hafen, dessen moderne Architektur an einen gestrandeten Eisberg erinnert. Im Inneren gewähren riesige Aquarien spannende Einblicke in die Unterwasserwelten - nicht nur der Ostsee. Besonders beliebt, weil unterhaltsam, sind die putzigen Humboldt-Pinguine im Außenbereich oben auf dem Dach des Gebäudes (www.ozeaneum.de).

Mit Schwung geht es in Sassnitz ans offene Meer, still durch die dichten Buchenwälder im Nationalpark Jasmund.

Gleich hinter Stralsund führt eine 540 Meter lange Brücke über den Strelasund nach Rügen. Der Zug rollt auf der größen deutschen Ostseeinsel durch Wiesen und Wälder, ehe er bei Lietzow den Damm zwischen Kleinem und Großem Jasmunder Bodden passiert. Nach einer längeren Steigung fährt der Zug in die Endstation Sassnitz ein. Reisende erwartet ein schöner Abstecher über die Bahnhofstraße zur Hängebrücke, die in einem spektakulären Bogen zum Hafen hinunterführt und einen fantastischen Panoramablick auf die Ostsee eröffnet. Zudem fahren vom Bahnhof Linienbusse in den Nationalpark Jasmund mit dem markanten Königsstuhl. In der Nähe des 118 Meter hohen Kreidefelsen eröffnet der Skywalk herrliche Ausblicke auf die weiße Steilküste und die blau schimmernde Ostsee. Der Nationalpark umfasst aber auch die alten Buchenwälder, die zum UNESCO-Welterbe gehören (www.nationalpark-jasmund.de).

FAZIT: EINE WUNDERSCHÖNE ENTDECKERTOUR AN DER OSTSEE!

Hin & weg: Der Rostocker Hauptbahnhof ist mit Nah- und Fernverkehrszügen aus Hamburg und Berlin zu erreichen. Hier fährt der Regionalexpress RE 9 nach Sassnitz ab.

Beste Reisezeit: ganzjährig

Dauer & Strecke: 1–2 Tage. Die Fahrtzeit auf der 123 km langen Strecke von Rostock nach Sassnitz beträgt 1 Std. und 53 Min. Der RE 9 fährt täglich im Ein- bis Zweistundentakt.

Tickets & Tarife: Gültig sind der Deutschlandtarif, das Mecklenburg-Vorpommern-Ticket (eine Tageskarte für Einzel- und Gruppenreisende) sowie das Deutschlandticket.

Wenn es Nacht wird: Das Kurhotel Sassnitz, entstanden aus einem 1954 errichteten Seemannsheim, liegt hoch über der Ostsee und bietet eine tolle Aussicht (www.kurhotelsassnitz.de).

P115
P155
P117

LUST AUF MEER

… von Züssow nach Świnoujście Centrum

#12

Die Usedomer Bäderbahn (UBB) versetzt die Reisenden schon bei ihrem Anblick in Ferienstimmung. Blaue Wellen zieren die modernen Triebzüge, die Deutschlands Sonneninsel und die Kaiserbäder mit dem Festland verbinden. Und zum nächsten Strand ist es nie weit …

#Bäderarchitektur #Achterwasser #DieEntebleibtdraußen

In Züssow leben nur wenige Menschen – trotzdem halten in der kleine Gemeinde im Nordosten Mecklenburg-Vorpommerns sowohl IC- als auch ICE-Züge. Denn hier beginnt die Usedomer Bäderbahn (UBB), die Urlauber und Ausflügler auf die östlichste deutsche Insel bringt. Alle Züge halten am selben Bahnsteig, sodass die Reisenden bequem um- und einsteigen können.

In einer Linkskurve verlässt der UBB-Triebzug den Bahnhof. In rascher Fahrt geht es nach Wolgast Hafen am Peenestrom. Vom Bahnsteig sind es nur ein paar Schritte zum Museumshafen und zur Eisenbahndampffähre „Stralsund“. Das 1890 in Dienst gestellte Schiff setzte noch bis 1990 Züge von Wolgast zur Insel Usedom über. Ebenfalls einen Abstecher wert ist die Wolgaster Altstadt mit der Sankt-Petri-Kirche und dem historischen Rathaus.

Gleich nach der Abfahrt in Wolgast schwingt sich die Bäderbahn auf die 250 Meter lange Klappbrücke, die seit 1997 die Fährverbindung über den Peenestrom ersetzt. Auf Usedom geht es durch Wiesen und Wälder nach Zinnowitz, dem ersten Seebad und zweiten Zwischenstopp auf dieser Tour. Die Neue Strandstraße führt vom Bahnhof zur 300 Meter langen Seebrücke und zum endlos langen Sandstrand – hier lässt sich locker ein Tag an der Ostsee verbummeln.

Wer noch mehr von der Insel sehen möchte, fährt in die Kaiserbäder Bansin, Heringsdorf und Ahlbeck weiter. Außer den gekrönten Häuptern und dem Adel schätzte auch das

Wolgast und Ahlbeck sind zwei Etappenziele bei der Fahrt mit der Usedomer Bäderbahn, immer wieder locken Abstecher an die Ostseestrände diesseits und jenseits der deutsch-polnischen Grenze.

wohlhabende Bürgertum Usedoms feine Sandstrände, das ruhige Hinterland an Peenestrom und Stettiner Haff sowie die vielen Sonnenstunden. Im Seebad Bansin lohnen die prachtvollen Villen des 18. und 19. Jahrhundert einen Besuch, im Seebad Heringsdorf fällt das Bahnhofsgebäude ins Auge, ein üppiger Backsteinbau aus dem Jahr 1894, und im Seeheilbad Ahlbeck darf man die bezaubernde Seebrücke von 1899 nicht verpassen. Funfact: Sie diente 1991 als Kulisse für den Loriot-Film „Pappa ante portas".

Hinter Ahlbeck überquert die Usedomer Bäderbahn die deutsch-polnische Grenze, wenig später ist die Endstation Świnoujście Centrum erreicht. Die Straße Stanisława Moniuszki führt vom Bahnhof direkt an den Ostseestrand. Wer gut zu Fuß ist, kann auf der zwölf Kilometer langen Europa-Promenade nach Bansin zurückwandern – nach Ahlbeck sind es sechs Kilometer. Bei der grenzüberschreitenden Verbindung handelt es sich übrigens um die längste Seepromenade Europas.

Fazit: Auf Schienen von Strand zu Strand? Mit der UBB kein Problem!

Hin & weg: Der Bahnhof Züssow ist mit Nah- und Fernverkehrszügen aus Berlin und Stralsund zu erreichen. Hier fährt die Usedomer Bäderbahn (UBB) nach Świnoujście Centrum (Polen) ab.

Beste Reisezeit: Frühjahr bis Herbst

Dauer & Strecke: 1–2 Tage. Die Fahrtzeit auf der 62 km langen Strecke von Züssow nach Świnoujście Centrum beträgt 1 Std. und 31 Min. Die UBB fährt täglich mindestens im Stundentakt.

Tickets & Tarife: Auf der UBB gelten der Deutschlandtarif, das Deutschlandticket sowie das Insel & Me(e)hr-Ticket, eine Tageskarte für 1 bis 5 Personen.

Wenn es Nacht wird: Im Ahlbecker Hof nächtigten schon Königinnen – Silvia von Schweden und Margrethe II. von Dänemark wissen einfach, was gut ist (www.seetel.de).

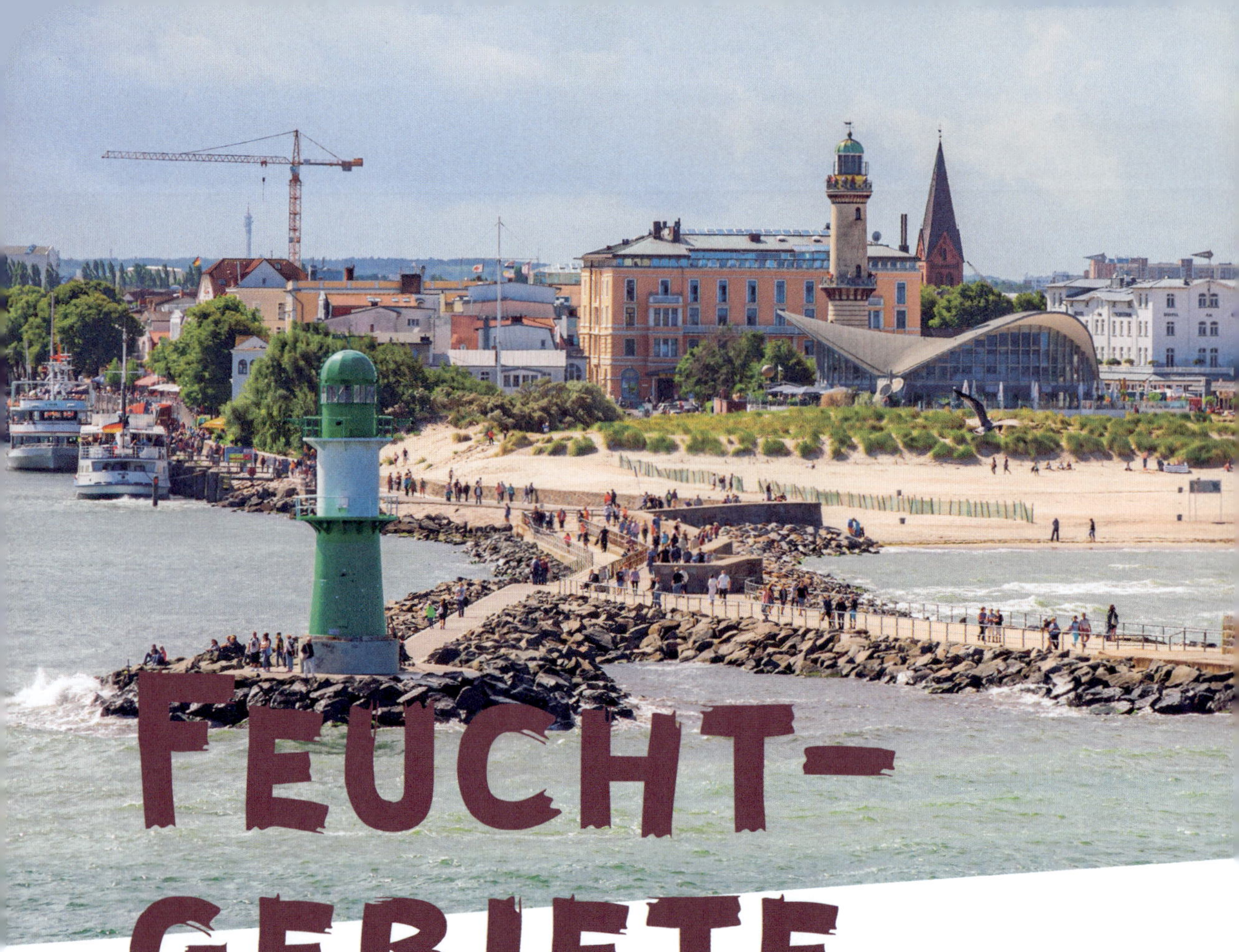

FEUCHT-GEBIETE

... von Berlin nach Warnemünde

#13

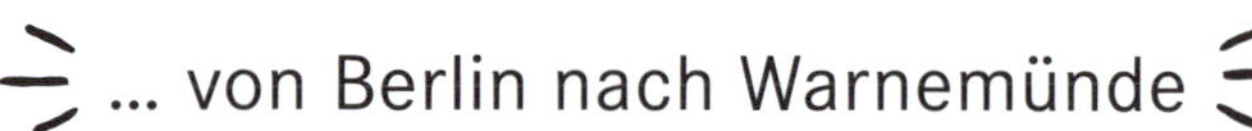

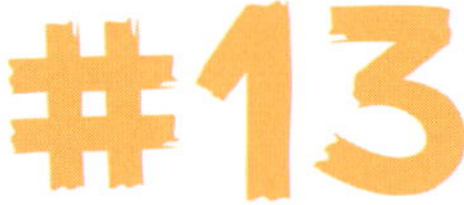

230 Kilometer Zugfahrt für nur einen Tag an der Ostsee? Besser also, man plant gleich ein oder zwei Übernachtungen ein – und genießt die Mecklenburgische Seenplatte samt einem Schlenker zum Müritz-Nationalpark.

#Wassersport #Molenfeuer #HideawayHoheDüne #Strandpromenade

Nach der Bahnfahrt durch sumpfige Wälder und Wiesen nördlich von Berlin lockt in Warnemünde ein herrlicher Strandspaziergang …

→ IM NORDEN …

Jede Stunde fährt entweder ein Regionalexpress oder ein Intercity von Berlin ins Ostseebad Warnemünde. So kann man auf dieser Reise leicht einen oder mehrere Zwischenstopps einlegen. Zunächst schiebt sich der Zug langsam aus dem Berliner Hauptbahnhof, dann nimmt er Fahrt auf. Das Häusermeer der Hauptstadt weicht Wiesen und Wäldern. Fast schnurgerade geht es durch die flache Landschaft in Richtung Norden.

Nach gut einer Stunde wird es in Neustrelitz Zeit für den ersten Zwischenstopp. Die mecklenburgischen Herzöge legten Neustrelitz im 18. Jahrhundert als barocke Idealstadt an. Vom zentralen Marktplatz gehen sternförmig acht Straßen aus. Die Schlossstraße führt zum ursprünglich als Barockgarten gestalteten Park mit der neogotischen Schlosskirche aus dem Jahr 1859. Im Westen grenzt der Schlosspark an den Zierker See. Zum Baden

Diese Eskapade begeistert sowohl Kultur- als auch Naturfans mit Bummeln durch Neustrelitz zur Schlosskirche und durch das Müritzeum in Waren.

ist der flache See zu schlammig. Aber am kleinen Hafen bietet der „Fischerhof" leckere Fischgerichte für wenig Geld.

Die Weiterfahrt durch die Mecklenburgische Seenplatte gestaltet sich hügelig und kurvenreich. Nach knapp 20 Minuten ist Waren am nördlichen Ufer der Müritz erreicht. Die hübsche Stadt hat einen geschäftigen Hafen. Groß und klein begeistert das Müritzeum, das über Flora und Fauna der Region informiert und in 26 Aquarien die Wasserbewohner der Seenplatte vorstellt (www.mueritzeum.de). In Waren kann man sich ein Fahrrad mieten und zu einer Runde durch die Moore und Wälder des Müritz-Nationalparks am Ostufer des Sees aufbrechen (www.mueritz-nationalpark.de). Wer lieber auf Bahngleisen bleiben möchte, leiht nördlich des Bahnhofs eine (Elektro-) Draisine und strampelt 13 Kilometer auf der stillgelegten Strecke bis nach Schwinkendorf (www.draisine-mecklenburg.de).

Weiter geht es mit dem Zug. Fahrgäste des Regionalexpresses müssen im Rostocker Hauptbahnhof in die S-Bahn nach Warnemünde umsteigen, die Intercitys fahren durch. So oder so, Warnemünde ist schnell erreicht. Vom Bahnhof direkt am Alten Strom führt eine Drehbrücke in den Ortskern. Nah ist es auch zum herrlich weißen und endlos langen Sandstrand. Wer möchte, kann sich gleich in einen Strandkorb fallen lassen oder mit einem Sprung in die Ostsee erfrischen. Ansonsten erklimmt man die 135 Treppenstufen des Leuchtturms. Warnemündes Wahrzeichen weist seit 1898 Seefahrenden den Weg. Oder man genießt den Blick auf die ein- und ausfahrenden Segeljachten, Fähr-, Fracht- und Kreuzfahrtschiffe vom Restaurant Teepott aus. Der Name geht auf einen Teepavillon aus den 1920er-Jahren zurück. Auch der Rundbau selbst ist bewundernswert, weil er 1968 in der für Ulrich Müther typischen Hyparschalenarchitektur errichtet wurde (www.teepott-restaurant.de).

Waren ist Dreh- und Angelpunkt des Tourismus der Mecklenburgischen Seenplatte. Besonders beliebt sind Ausflugsfahrten auf der Müritz, aber auch Hausboot- oder Kanutouren sowie Wassersport jeglicher Art.

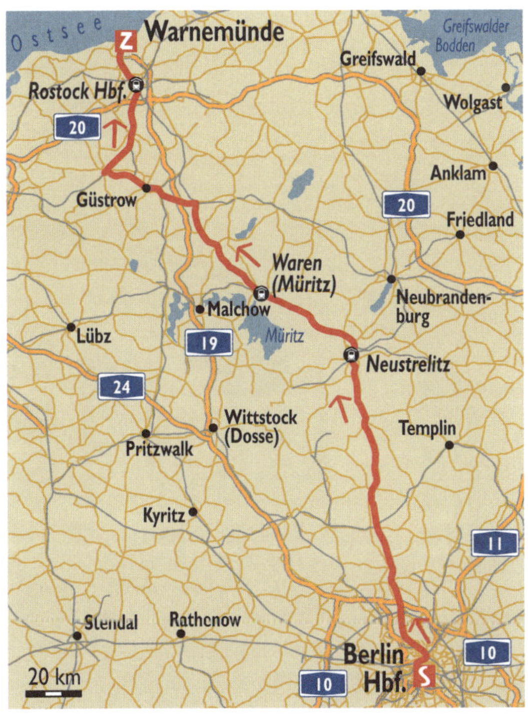

FAZIT: DER PERFEKTE URLAUBSTRIP FÜR EIN LANGES WOCHENENDE.

Hin & weg: Der Regionalexpress (RE 5) und der Intercity (IC) fahren von Berlin Hbf nach Rostock und Warnemünde ab.

Beste Reisezeit: im Sommer

Dauer & Strecke: 1–2 Tage. Die Fahrtzeit auf der 230 km langen Strecke von Berlin nach Warnemünde beträgt zweieinhalb bis 3 Std. RE 5 und IC fahren zusammen im Stundentakt.

Tickets & Tarife: In RE und IC gelten der Deutschlandtarif. Das Deutschlandticket wird zwischen Berlin und Warnemünde auch im IC anerkannt.

Wenn es Nacht wird: In Warnemünde hat man ausgediente Container zu einer stylischen Herberge gestapelt und lässt darin nicht nur Backpacker vor Anker gehen (www.dock-inn.de).

AUSZEIT VOM ALLTAG

... von Berlin-Spandau nach Pritzwalk

#14

Die Reise mit dem Prignitz-Express ist wie ein kleiner Urlaub. Sobald man die Großstadt Berlin hinter sich gelassen hat, beginnt die Erholung. Es geht durch eine stille weite Landschaft. Unterwegs laden die Fontanestadt Neuruppin sowie die Rosenstadt Wittstock (Dosse) zu Zwischenstopps ein.

#Birdwatching #EffiBriest #BrandenburgErfahren

Theodor Fontane weist den Weg durch die Mark Brandenburg – nach Pritzwalk mit dem Bismarckturm und nach Kyritz mit der schlanken Marienkirche.

Die Prignitz gehört zu den am dünnsten besiedelten Gebieten Deutschlands – wer eine kleine Auszeit vom Alltagstrubel sucht, wird in der stillen Region nordwestlich von Berlin garantiert fündig. In der flachen, von schmalen Flüssen durchzogenen Landschaft reichen die Felder bis zum Horizont. Hübsche Fachwerkhäuser, viel Kopfsteinpflaster und beeindruckende Backsteinkirchen mit hohen Türmen charakterisieren die wenigen Ortschaften. Storchenpaare brüten auf Dächern und Strommasten, Bussarde und Rotmilane kreisen am Himmel ...

Der Prignitz-Express lässt schon ein paar Minuten nach der Abfahrt in Berlin-Spandau die Hektik der Großstadt hinter sich. Etwas mehr als eine Stunde dauert die Fahrt zum Bahnhof Neuruppin Rheinsberger Tor. Die Geburtsstadt des Schriftstellers Theodor Fontane liegt wunderbar am Ruppiner See und lässt sich entspannt zu Fuß erkunden. Viele Sehenswürdigkeiten befinden sich an der Karl-Marx-Straße, die vom Bahnhof quer durchs Stadtzentrum verläuft, darunter das Fontane-Geburtshaus mit der Löwen-Apotheke, die Kulturkirche Sankt Marien, das Alte Gymna-

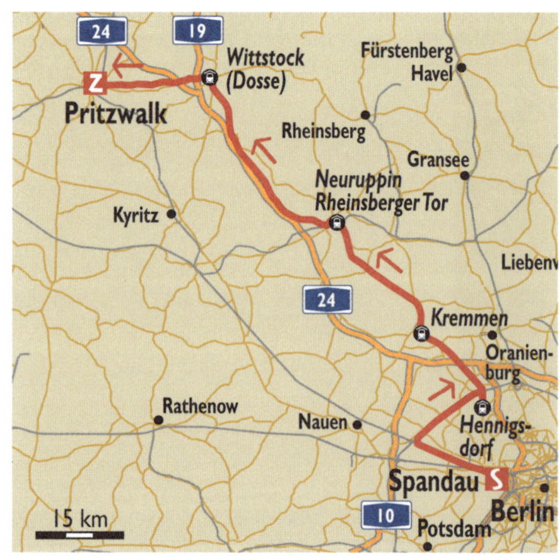

sium und das Fontane-Denkmal. Der Abstecher zum See lässt sich mit einem Besuch der Klosterkirche Sankt Trinitatis verbinden.

Wieder unterwegs, kann man den eigenen Gedanken beim Blick aus dem Fenster freien Lauf lassen. Nach knapp einer Stunde hält der Zug in Wittstock (Dosse). Den Stadtkern umschließt eine 2,5 Kilometer lange Backsteinmauer mit Wiekhäusern, die im Mittelalter als Wachhäuser der Stadtverteidigung dienten. Beim Stadtbummel fallen die vielen Rosen auf, die sich an den Gemäuern emporranken und denen Wittstock seinen Beinamen Rosenstadt verdankt. Ein Blickfang ist auch das Rathaus mit seiner Backsteinfassade und dem hohen Uhrturm.

Danach ist es mit dem Prignitz-Express nur noch ein Katzensprung nach Pritzwalk. Besonders hübsch ist der spätgotische Flügelaltar in der Nikolaikirche, der Maria und ihre Mutter Anna ins Zentrum stellt. Wer etwas Bewegung braucht, erklimmt den 18 Meter hohen Bismarckturm auf einer kleinen Anhöhe im Süden des Städtchens. Von der Aussichtsplattform lässt sich der Blick auf die stille, unspektakuläre Landschaft genießen. Den Schlüssel zum Turm muss man sich aber in der Museumsfabrik nördlich vom Stadtzentrum abholen (www.museum-pritzwalk.de).

Tipp: Wer nicht auf derselben Strecke zurückfahren möchte, kann ab Pritzwalk die RB 73 nach Neustadt (Dosse) nehmen, wo Anschluss an den RE 8 nach Berlin-Spandau besteht. Auf dieser Route bietet sich ein Stopp in Kyritz an. Die Kleinstadt an der Knatter bezaubert mit ihrem hübschen Marktplatz, der neogotischen Doppelturmfassade der Marienkirche und einem ehemaligen Franziskanerkloster (www.kulturklosterkyritz.de).

Fazit: Wo sonst ist eine Zugfahrt Wellness für die Seele?

Hin & weg: Der Bahnhof Berlin-Spandau ist mit S-Bahnen und Nahverkehrszügen aus Berlin und dem Berliner Umland sowie mit Fernverkehrszügen aus Hamburg und Hannover zu erreichen. Hier fährt der Prignitz-Express (RE 6) nach Pritzwalk ab.

Beste Reisezeit: ganzjährig, aber Storchennachwuchs gibt es im Mai/Juni zu beobachten.

Dauer & Strecke: 1–2 Tage. Die Fahrtzeit auf der 125 km langen Strecke von Berlin-Spandau nach Pritzwalk beträgt knapp 2 Std. Der Prignitz-Express fährt täglich im Stundentakt.

Tickets & Tarife: Es gelten der Tarif des Verkehrsverbunds Berlin-Brandenburg (www.vbb.de) und das Deutschlandticket.

Wenn es Nacht wird: In Kyritz bietet Bluhm's Hotel & Restaurant gemütliche Zimmer mit Blick auf den Markt (www.bluhmshotel.de).

DB
DB

IM UHR-ZEIGERSINN

Die Berliner Ringbahn gewährt Einblicke in die Hinterhöfe der Hauptstadt und verknüpft viele Sehenswürdigkeiten miteinander, wie das quirlige Tempelhofer Feld, das vornehme Schloss Charlottenburg und die Plattenbausiedlung Ernst-Thälmann-Park.

Der Bahnhof Ostkreuz ist die am stärksten frequentierte Umsteigestation Berlins – neben Nah- und Fernverkehrszügen hält hier die Linie S 41, die den S-Bahn-Ring im Uhrzeigersinn befährt. Gleich nach Verlassen des Bahnhofs überquert der Zug die Spree und gleitet am Treptower Park entlang. Nach einer weiten Kurve in Richtung Westen geht es mitten zwischen den mehrstöckigen Mietshäusern des Stadtteils Neukölln hindurch. Wenig später ist die Station Tempelhof erreicht, direkt am Tempelhofer Feld, dem wohl lebendigsten Lost Place der Hauptstadt. Also nix wie hin. Auf den zwei Kilometer langen Start- und Landebahnen sowie auf den Rollfeldern vergnügen sich Spaziergänger, Inlineskater, Jogger und Radfahrer. Die Grünflächen eignen sich bestens zum Chillen, Grillen, Fußballspielen, Drachensteigen oder Urban Gardening. Nahe der Eingänge werden Fahrräder verliehen, und bei einem Snack an der Imbissbude kann man den Blick über Terminal, Hangar und Radarturm des 2008 geschlossenen Airports schweifen lassen.

Weiter geht es mit der S-Bahn, die im Stadtteil Wilmersdorf nach Norden schwenkt. Am Bahnhof Westkreuz grüßt der Funkturm herüber, ehe sich die gewaltige Aluminiumfassade des Internationalen Congress Centrums (ICC) ins Bild schiebt. An der Station Westend bietet sich wieder ein Zwischenstopp an.

Hin & weg: Der Bahnhof Berlin Ostkreuz ist mit der S-Bahn sowie Nah- und Fernverkehrszügen zu erreichen. Hier fahren die Ringlinien S 41 (im Uhrzeigersinn) und S 42 (entgegen dem Uhrzeigersinn) ab.

Beste Reisezeit: täglich, außerhalb der Hauptverkehrszeiten

Dauer & Strecke: 1 Tag. Die Fahrtzeit auf der 37 km langen Ringbahn beträgt 58 Min. S 41 und S 42 fahren tagsüber im 5-Minuten-Takt.

Tickets & Tarife: Es gelten der Tarif des Verkehrsverbunds Berlin-Brandenburg (www.vbb.de) und das Deutschlandticket. Mit einer VBB-Tageskarte kann man überall Zwischenstopps einlegen und mit einer späteren S-Bahn weiterfahren.

Helden von einst und heute sind in Berlin allgegenwärtig, ob ausgedientes Flugzeug der Feuerwehr, gärtnernde Stadtmenschen oder der Kommunistenführer Ernst Thälmann.

Über den Spandauer Damm sind es nur wenige Hundert Meter zum Schloss Charlottenburg. Die originalgetreu eingerichtete Sommerresidenz der preußischen Könige (1701–1888) kann besichtigt werden (www.spsg.de). Nicht verpassen sollte man den Schlosspark, der von einem strengen Barockgarten in einen natürlich gestalteten englischen Landschaftsgarten übergeht.

Auf der Weiterfahrt biegt der Zug nach Osten ab, kreuzt erneut die Spree, und wenig später huscht der Westhafen mit seinen historischen Backsteinbauten der Lagerhallen und Getreidespeicher am Fenster vorbei. Im Stadtteil Prenzlauer Berg sollte man an der Greifswalder Straße aussteigen und zum nahen Ernst-Thälmann-Park spazieren. Die Plattenbauten der 1986 eingeweihten Siedlung gruppieren sich locker um großzügige Plätze und Grünflächen. Nicht zu übersehen ist die Kolossalbüste des KPD-Führers Ernst Thälmann, die in den Nullerjahren nur knapp dem Abriss entging und heute wie die gesamte Anlage unter Denkmalschutz steht.

Hinter der Greifswalder Straße wendet sich der Zug gen Süden, und am Bahnhof Ostkreuz schließt sich der Kreis. Warum die Fahrt auch „Hundekopftour" genannt wird, verrät ein Blick auf die Karte. Der S-Bahn-Ring ist kein Oval (wie auf den schematischen Netzplänen), sondern hat die Form eines Hundekopfes – mit Schloss Charlottenburg als Nase.

Fazit: Abseits der Touristenströme zeigt sich die Hauptstadt von einer ruhigeren Seite.

Wer mit dem Zug durch das Mittelrheintal von Mainz nach Koblenz fährt, sollte in Oberwesel einen Zwischenstopp einlegen.

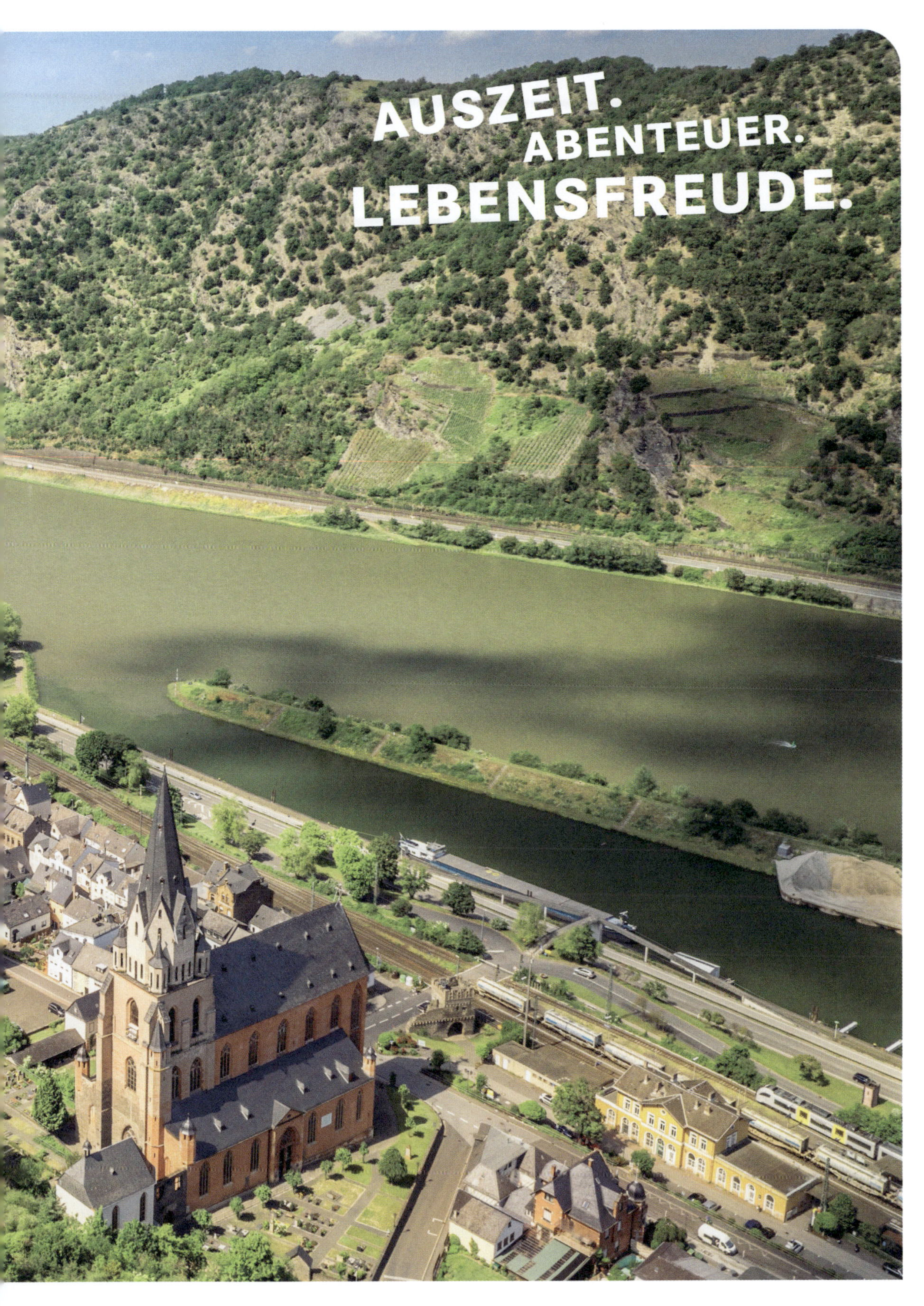
AUSZEIT.
ABENTEUER.
LEBENSFREUDE.

2. KAPITEL IM HERZEN

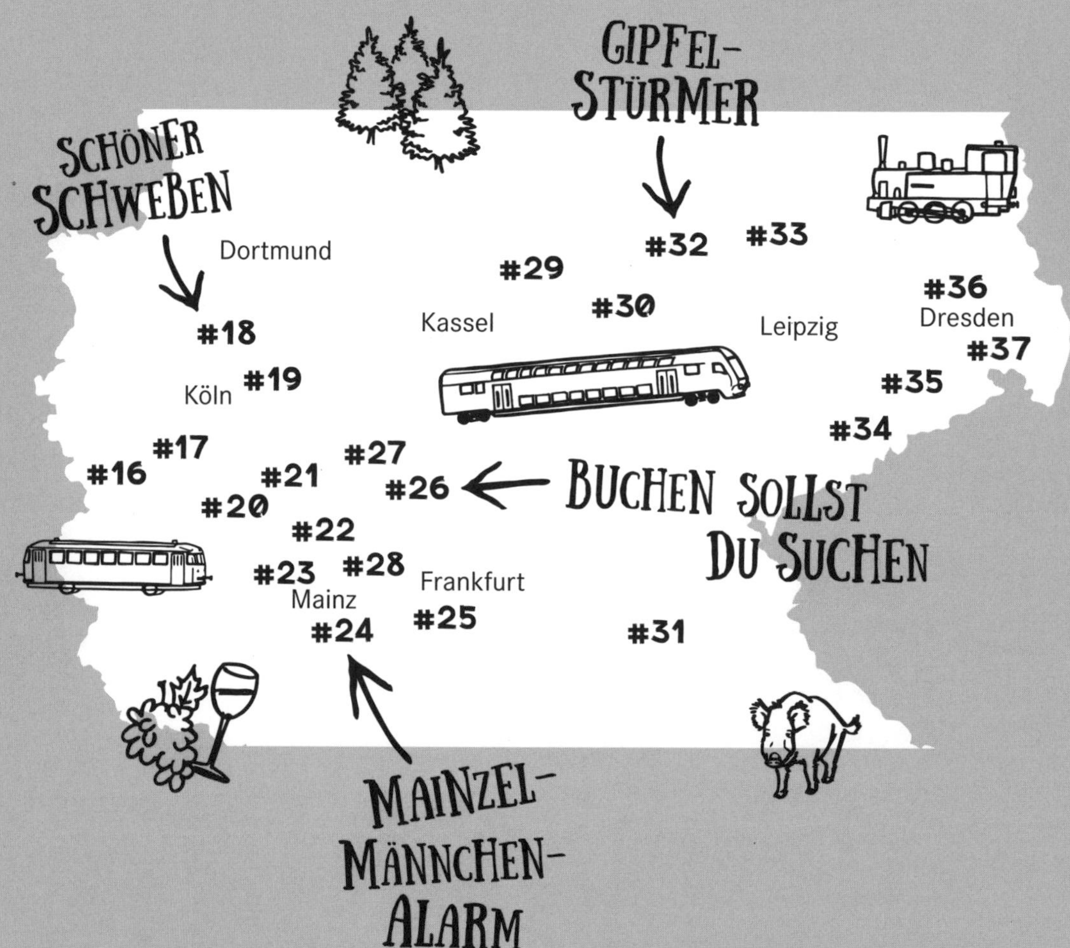

Gleise ins Grüne

Über Deutschlands höchste Eisenbahnbrücke rattern, durch einmalig schöne Flusstäler kurven, mit viel Dampf den Brocken erklimmen oder sanft den Elbhang emporschweben – jede Zugreise ist wie ein kleiner Urlaub ...

4711
ECHT KÖLNISCH WASSER
KÖLN HBF

Kirchen, Kino und Kohle

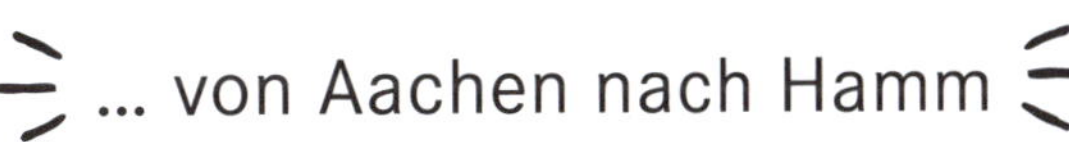

... von Aachen nach Hamm

#16

Im hochmodernen Rhein-Ruhr-Express (RRX) geht es quer durch das Ruhrgebiet, über dem – anders als früher – nur noch wenige Schlote qualmen. In Köln bietet sich ein überraschender Blick auf den Dom, in Essen lockt die Lichtburg und in Hamm ein farbenfroher Hindutempel.

#Industriekultur #Fußballfans #MetropoleRuhr #SchichtimSchacht

Längst nicht mehr rußgeschwärzt, die Metropole Ruhr setzt auf Kultur wie bei der Zeche Zollverein.

Alle Wege führen zum Dom – wer vor der Abfahrt in Aachen noch etwas Zeit hat, sollte dem Krönungsort römisch-deutscher Könige unbedingt einen Besuch abstatten. Das Zentrum des über Jahrhunderte erweiterten Baus bildet die um 800 unter Karl dem Großen errichtete Pfalzkapelle, ein überkuppeltes Oktokon mit zweigeschossigem Umgang (www.aachenerdom.de). Eine Kathedrale der Eisenbahn ist das Empfangsgebäude des Aachener Hauptbahnhofs aus dem Jahr 1905 nicht gerade. Der gedrungene Bau mit Jugendstilelementen punktet aber mit einer hohen lichtdurchfluteten Wartehalle. Und jede Stunde startet ein Rhein-Ruhr-Express (RRX) über Köln, Essen und Dortmund nach Hamm.

In flottem Tempo geht es zunächst durch die brettebene Landschaft nach Köln. Der Hauptbahnhof mit seiner 250 Meter langen Bahnsteighalle befindet sich zu Füßen des Kölner Doms. Wer das Bauwerk aus einer neuen Perspektive erleben möchte, kann den Rhein auf der Hohenzollernbrücke überqueren und im Hochhaus KölnTriangle mit dem Fahrstuhl zur Aussichtspattform Cologne View hinaufgleiten. Aus über 100 Metern Höhe bietet sich ein wunderbarer Blick (www.koelntriangle panorama.de).

Weiter geht's! Die Strecke führt über Düsseldorf rheinabwärts und bei Mülheim über die Ruhr. Kurz darauf fährt der RRX in Essen ein. Aussteigen! Nur 400 Meter nördlich des Hauptbahnhofs steht die Lichtburg, ein Kino aus dem Jahr 1928. Mit 1250 Plätzen hat es bis heute den größten Kinosaal Deutschlands (www.filmspiegel-essen.de). Ruhrgebietsflair vergangener Zeiten verströmt die Zeche Zollverein. Das längst stillgelegte Steinkohlebergwerk im Essener Norden wird inzwischen von Museen, für Konzerte, Ausstellungen sowie

---

Hin & weg: Aachen ist mit Nah- und Fernverkehrszügen aus allen Himmelsrichtungen zu erreichen. Hier fährt der Rhein-Ruhr-Express (RRX) der Linie 1 nach Hamm Hbf ab.

Beste Reisezeit: ganzjährig

Dauer & Strecke: 1–2 Tage. Die Fahrtzeit auf der 218 km langen Strecke von Aachen nach Hamm beträgt 2 Std. und 49 Min. Der RRX 1 fährt täglich im Stundentakt.

Tickets & Tarife: Neben dem NRW-Tarif (www.mobil.nrw) gilt das Deutschlandticket.

Wenn es Nacht wird: Wer noch nicht genug Bewegung hatte, kann im Fitnessstudio des stylishen Moxy-Hotels am Essener Hauptbahnhof ein paar Gewichte stemmen (www.marriott.com).

Ist das der Schuh von Mario Götze? Im Fußballmuseum huldigen viele ihren Stars. Die Hindustische Gemeinde in Deutschland ehrt in Hamm vor allem die Göttin Kamadchi, ihren Haupttempel schmücken aber 200 Gottheiten.

Events genutzt. Das UNESCO-Welterbe ist vom Hauptbahnhof mit der Tramlinie 107 zu erreichen (www.zollverein.de).

Weiter rollt der RRX über Bochum nach Dortmund, dem nächsten Etappenziel. Fußballfans aufgepasst: Direkt am Hauptbahnhof präsentiert das Deutsche Fußballmuseum die Bundesligageschichte und ihre Spielerlegenden sowie die WM- und EM-Pokale der Nationalelf (www.fussballmuseum.de).

Von Dortmund ist es nur noch ein kurzes Stück bis zur Endstation in Hamm. Etwas außerhalb der Stadt lohnt der farbenfrohe Hindutempel Sri Kamadchi Ampal, einer der größten Europas, einen Abstecher. Vom Hauptbahnhof Hamm aus gelangt man mit der Buslinie 5 dorthin (www.hinduistische-gemeinde-deutschland.de).

Fazit: Eine spannende Zeitreise durch das Ruhrgebiet von West nach Ost!

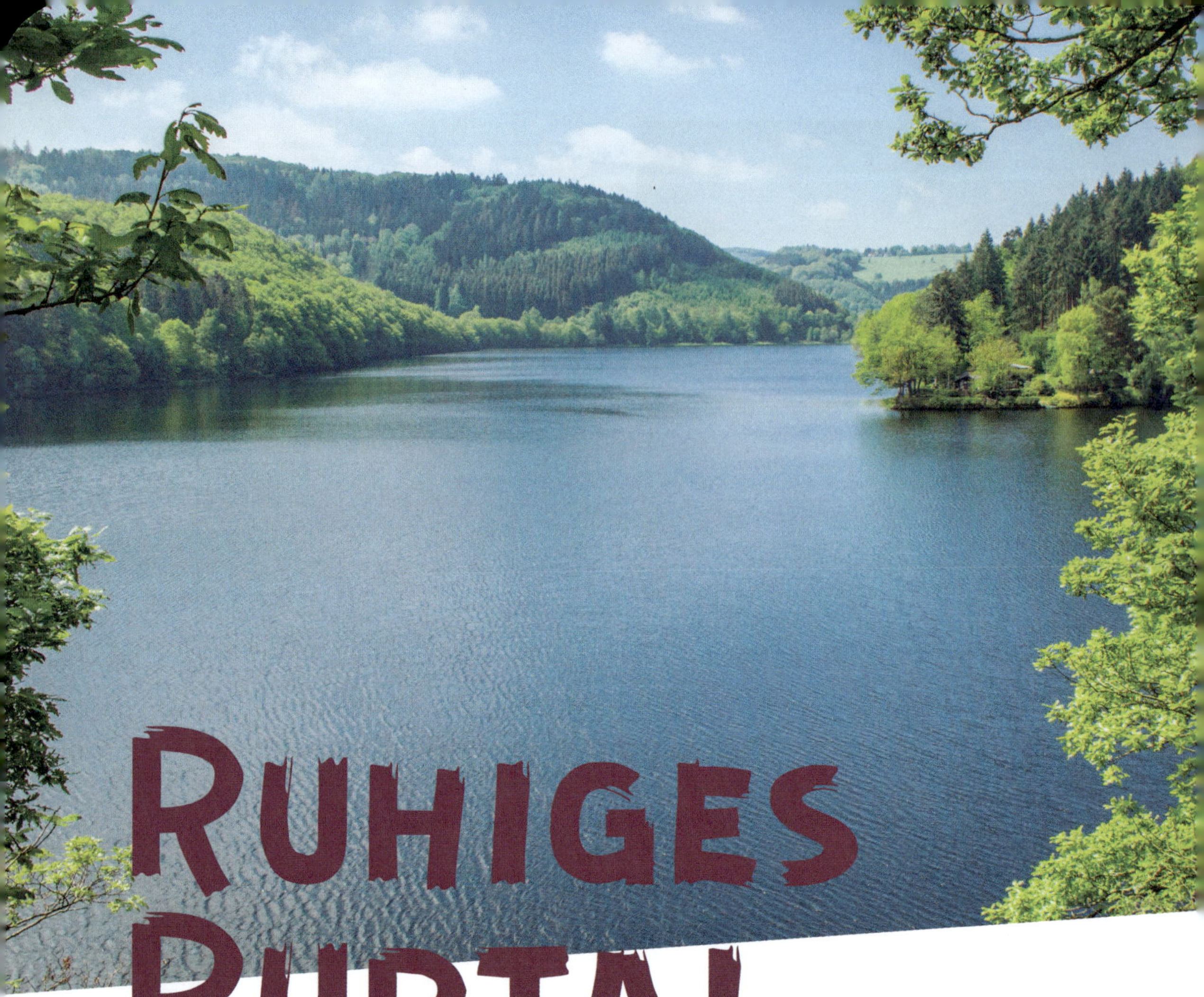

RUHIGES RURTAL

… von Düren nach Heimbach (Eifel)

Der Nationalpark Eifel, Nordrhein-Westfalens erster (und bisher einziger) Nationalpark, wird von der Rurtalbahn erschlossen. Schon die Anreise durch das schmale Flusstal ist Erholung pur.

#Hiking #DarkSky #Sternenpark #Isegrimm

Der steile Aufstieg lohnt sich – von der Burg Hengebach hat man eine herrliche Aussicht ins Rurtal.

Der Eisenbahnknoten Düren liegt auf halber Strecke zwischen Aachen und Köln. Außer der Rurtalbahn nach Heimbach (Eifel) zweigen hier noch weitere Nebenbahnen ab. Für Eisenbahnfreunde besonders interessant: die denkmalgeschützte Drehscheibe neben dem Empfangsgebäude, auf der früher die Dampfloks in die richtige Fahrtrichtung gedreht wurden. Abfahrtszeit! Der Triebzug der Rurtalbahn GmbH biegt gleich nach Verlassen des Bahnhofs Düren in das hier noch weite Rurtal ein. Schon nach wenigen Minuten lohnt sich der erste Zwischenstopp. Vom Haltepunkt Renkerstraße liegt das romantische Wasserschloss Burgau nur einen Kilometer entfernt. Das auf einer kleinen Insel in einem Weiher

errichtete Schloss geht zurück auf das 14. Jahrhundert. Neben Ausstellungen finden hier Konzerte und Theateraufführungen statt (www.dueren-tourismus.info).

Weiter geht's mit der Rurtalbahn. Nach und nach wird das Tal enger, und die Strecke rückt dichter an den Fluss heran. Nächster Halt ist Obermaubach. Die kleine Station liegt direkt an der Staumauer der Talsperre Obermaubach, die sich auf einem vier Kilometer langen Wanderweg umrunden lässt. Alternativ kann man entlang der Rur zum Haltepunkt Zerkall weiterwandern und wieder in den Zug einsteigen. Besonders schön ist, dass die Wanderer dabei von keiner Straße gestört werden.

Wieder im Zug, kann man sich entspannt zurücklehnen. Hinter Zerkall kreuzen die Gleise die Rur und führen nun auf dem linken Ufer durchs Tal. Die Fahrt ist herrlich entschleunigend. Nach jeder Kurve eröffnen sich neue Ausblicke auf den glasklaren Fluss, der Zug gleitet durch verschlafene Dörfer und passiert die Ruine der Burg Nideggen, die auf einem steilen Felsbalkon in den Himmel ragt. Hinter Abenden wechseln die Gleise zurück auf das rechte Flussufer. Nach 46 Minuten Fahrt ist Heimbach (Eifel) erreicht.

Der Bahnhof Heimbach ist das Tor zum Nationalpark Eifel mit seinen artenreichen Mischwäldern. Im Empfangsgebäude liefern sowohl das digitale Geländemodell als auch die Ausstellung „Waldgeheimnisse“ einen exzellenten ersten Überblick. Am Bahnhof beginnen zudem mehrere Wanderwege, die zur 77 Meter hohen Staumauer der Rurtalsperre, zur

Das Wasserschloss Burgau trumpft mit dem Südturm am Zugang bei den Besuchern richtig auf. Das Nationalparkzentrum Eifel versucht mit Plüschtieren die Herzen der Kinder und neue Junior Ranger für den Naturschutz zu gewinnen.

Burg Hengebach, zum hübschen Jugendstilgebäude des Wasserkraftwerks Heimbach sowie zum Nationalparkzentrum Vogelsang führen (www.nationalpark-eifel.de).

Tipp: Die Buslinie „Mäxchen" fährt von April bis Oktober an Wochenenden und Feiertagen vom Bahnhof zur Staumauer. Hier legen die Ausflugsboote der Rursee-Schifffahrt zu Rundfahrten über die Eifeler Seenplatte ab. Zu dieser gehören neben dem Rurstausee der Ober- und Urftsee (www.rursee-schifffahrt.de). Außerdem verführen nahe der Anlegestellen Schmid-Eschauel und Rurberg schöne Badestellen zu einem Sprung ins kühle Nass.

FAZIT: VIEL WASSER UND VIEL GRÜN – DIE TOUR IST WIE EIN KLEINER URLAUB!

Hin & weg: Düren ist mit dem Regionalexpress RE 1 und RE 9 aus Aachen und Köln zu erreichen. Hier fährt die Rurtalbahn (RB 21) nach Heimbach (Eifel) ab.

Beste Reisezeit: im Sommer, wenn man im Rurstausee baden möchte

Dauer & Strecke: 1 Tag. Die Fahrtzeit auf der 30 km langen Strecke von Düren nach Heimbach (Eifel) beträgt 46 Min. Die RB 21 fährt täglich im Stundentakt.

Tickets & Tarife: In der Rurtalbahn und im Bus „Mäxchen" gelten neben den Tickets des Aachener Verkehrsverbunds (avv) der NRW-Tarif und das Deutschlandticket. Die Rursee-Schifffahrt hat ein eigenes Tarifsystem.

SCHÖNER SCHWEBEN

... von Solingen Hbf nach Wuppertal-Oberbarmen

Im Bergischen Land geht es hoch hinaus. Auf der Müngstener Brücke zwischen Solingen und Remscheid scheint die S 7 durch das Blau des Himmels zu gleiten.

#GoldeneNase #Höhenrekorde #überdieWuppergehen

In Solingen sind traditionell Klingenfertigung und Schmiedekunst zu Hause, die stählerne Müngstener Brücke ist also das passende Wahrzeichen dieser Stadt.

Die Müngstener Brücke ist die höchste Eisenbahnbrücke in Deutschland. Seit 1897 überspannt sie in 107 Metern Höhe das Tal der Wupper. Weniger spektakulär sind die Züge, denn es handelt sich um schnöde S-Bahnen, die die 465 Meter lange Stahlkonstruktion halbstündlich bis stündlich passieren. Immerhin haben die Triebzüge große Panoramafenster, sodass man einen herrlichen Ausblick in das dicht bewaldete Tal der Wupper hat.

Die S 7 verlässt den Solinger Hauptbahnhof in einer Linkskurve und erreicht wenig später den Haltepunkt Solingen Grünewald. Hier muss aussteigen, wer mehr über freche Plagiate erfahren möchte. Vom Bahnhof sind es nur fünf Gehminuten zum Museum Plagiarius, das auf unterhaltsame Weise über Fälschungen informiert. Gezeigt werden mehr als 350 Originale und deren mitunter plumpe Kopien (www.museum-plagiarius.de).

Hinter Solingen Mitte wird die Fahrt spannend. Der Zug überquert die 155 Meter lange und 40 Meter hohe Windfelner Brücke, die als kleine Schwester der Müngstener Brücke gilt. Wenig später ist Solingen Schaberg erreicht und damit der Start des etwa 1,5 Kilometer langen Wanderwegs ins Tal der Wupper hinunter und zur Müngstener Brücke. Zu deren Füßen informiert der Brückenpark über den Stahlriesen. Hauptattraktion ist eine handbetriebene Schwebefähre, mit der man auf die andere Flussseite wechseln kann. Ganz Mutige können im Rahmen einer Führung auch zum Scheitelpunkt des Brückenbogens klettern, während die Züge über sie hinwegdonnern (www.brueckensteig.de).

Schnell zurück zum Bahnhof Solingen Schaberg. Gleich nach der Abfahrt scheint der Zug abzuheben. Hoch oben gleitet man über die

Wer die Müngstener Bogenbrücke im Detail erleben möchte, sollte schwindelfrei sein. Echt! Täuschen bleibt das zentrale Thema im Museum Plagiarius oder eher der ambitionierten Fälscher weltweit. Kaum zu glauben! Genauso wie die Röntgenapparate und -aufnahmen, die seit 1896 vor allem die Medizin revolutionierten.

Müngstener Brücke, tief unten glitzert die Wupper. Wer scharfe Augen hat, entdeckt auf den Hängen nördlich und südlich der Brücke die Diederichstempel, zwei Ende des 19. Jahrhunderts erbaute Aussichtspavillons. Hinter der Brücke beschleunigt der Zug und rollt über Remscheid Hbf nach Remscheid-Lennep. Hier lohnt sich ein Bummel durch den hübschen Ortskern mit seinen schieferverkleideten Häusern zum Deutschen Röntgen-Museum. Es informiert über das Wirken des Physikers und Nobelpreisträgers Wilhelm Conrad Röntgen, der 1845 in Lennep geboren wurde. Außerdem erfährt man alles über die Geschichte – von der Entdeckung über die Erforschung bis hin zur Anwendung – der Röntgenstrahlen (www.roentgenmuseum.de).

Endspurt – von Remscheid-Lennep nach Wuppertal-Oberbarmen. Wer sich noch auf ein weiteres Stahlungetüm einlassen möchte, kann jetzt in die Schwebebahn umsteigen und im „1. Stock" durch Wuppertal gleiten (www.schwebebahn.de).

Fazit: Nicht mal Fliegen ist schöner!

Hin & weg: Solingen Hbf ist mit Nah- und Fernverkehrszügen aus Köln und Düsseldorf zu erreichen. Hier fährt die S 7 nach Wuppertal-Oberbarmen ab.

Beste Reisezeit: ganzjährig

Dauer & Strecke: 1 Tag. Die Fahrtzeit auf der 33 km langen Strecke von Solingen Hbf nach Wuppertal-Oberbarmen beträgt 45 Min. Die S 7 fährt halbstündlich bis stündlich.

Tickets & Tarife: Neben den Tickets des Verkehrsverbunds Rhein-Ruhr (VRR; www.vrr.de) gelten der NRW-Tarif und das Deutschlandticket.

→ IM HERZEN ...

OBER-BERGISCHE RUNDE

 ... von Köln Hbf nach Marienheide – und zurück 

#19

Auf Schienen geht es nach Marienheide im Oberbergischen Land. Anschließend kann man mit dem Rad auf alten Bahntrassen nach Wermelskirchen und Opladen weiterfahren. Bei Hitze versprechen zwei Stauseen unterwegs Abkühlung.

#Biketrain #PackdieBadesachen #Schutzengel #Liebesschlösser

Die Fahrt auf der Oberbergischen Bahn nach Marienheide startet spektakulär. Gleich nach der Abfahrt vom Kölner Hauptbahnhof rumpelt der Zug auf der Hohenzollernbrücke über den Rhein. Die 410 Meter lange Stahlbogenbrücke flankieren vier Reiterstandbilder preußischer Könige und deutscher Kaiser aus dem Haus Hohenzollern. Das 1911 eröffnete Bauwerk erweiterte man 1989 von vier auf sechs Gleise. Die Züge passieren die Brücke meist recht langsam, sodass man den schönen Ausblick auf die Stadt und den Dom genießen kann. Und natürlich auf die unzähligen Liebesschlösser an den Gittern der Fußgängerstege beiderseits der Brücke.

Hinter Köln Messe/Deutz nimmt der Triebzug von DB Regio Fahrt auf und biegt wenig später in den dichten Königsforst ein, der fast schnurgerade durchquert wird. Nach einer langen Linkskurve ist der Bahnhof Rösrath und damit der erste Zwischenstopp erreicht. Entlang der Sülz findet man etliche alte Rittersitze, darunter auch das Schloss Eulenbroich, in dem Ausstellungen, Lesungen und Konzerte stattfinden. Das Torhaus gilt als das Rösrather Tor zum Bergischen Land (www.schloss-eulenbroich.de).

Von Marienheide kann man auf einer alten Bahntrasse nach Wermelskirchen radeln. Unterwegs lohnen Stopps an der Bevertalsperre und in Wipperfürth, wo ein Schienenbus an die stillgelegte Strecke erinnert.

Danach steigt die Strecke kontinuierlich an, und der Triebzug schlängelt sich durch die hügelige Landschaft. Bei Overath geht es ins Tal der Agger und zum nächsten Halt in Engelskirchen. Neben dem Bahnhof lädt das Industriemuseum im Wasserkraftwerk der einstigen Baumwollspinnerei Ermen & Engels zu einem spannenden Besuch ein (www.industriemuseum.lvr.de). In der Alten Schlosserei präsentiert das Erste Deutsche Engel-Muse-

um Engelskirchen seine Sammlung von etwa 15 000 Figuren, Reliefs und Gemälden. Im Museusmshop findet jeder seinen persönlichen Schutzengel (www.engel-museum.de).

Hinter Dieringhausen verlässt der Zug das Aggertal, noch einmal geht es steil bergauf. Schon bald kommt der Zug vor dem hübschen Empfangsgebäude in Marienheide zum Stehen. Der bis zu 360 Meter hoch gelegene Ort galt früher als Sommerfrische der Kölner. Heute zieht es Freizeitsportler zum „Bergischen Panorama-Radweg", der auf einer alten Bahntrasse über Wipperfürth ins 26 Kilometer entfernte Wermelskirchen führt. Der asphaltierte Weg verläuft abseits der Straßen und durchquert zwei Tunnel. Wer sich mit einem Bad erfrischen möchte, kann kurz hinter Marienheide einen Abstecher zur kleinen Lingesetalsperre machen und vom ehemaligen Bahnhof Hückeswagen schnell zur Bevertalsperre fahren. Von Wermelskirchen aus gibt es für Radler zwei Alternativen: Von Mai bis Oktober können sie an Wochenenden und Feiertagen mitsamt Drahtesel den Fahrrad-Bus zurück nach Marienheide nehmen (www.bergischer-fahrradbus.de). Sonst radeln sie auf dem „Panorama-Radweg Balkan-Trasse" 26 Kilometer bergab nach Opladen – von dort fahren Regionalbahnen und Regionalexpresszüge zurück nach Köln.

Fazit: Ein höchst aktiver Tag im Oberbergischen Land!

Hin & weg: Köln Hbf ist mit Nah- und Fernverkehrszügen aus allen Richtungen zu erreichen. Hier fährt die Regionalbahn RB 25 nach Marienheide ab.

Beste Reisezeit: Frühjahr bis Herbst

Dauer & Strecke: 1 Tag. Die Fahrtzeit auf der 66 km langen Strecke von Köln nach Marienheide beträgt 1 Std. und 19 Min. Die RB 25 fährt täglich im Stundentakt.

Tickets & Tarife: Neben den Tickets des Verkehrsverbunds Rhein-Sieg (VRS) gelten der NRW-Tarif und das Deutschlandticket. Für das Fahrrad muss ein zusätzliches Ticket gelöst werden.

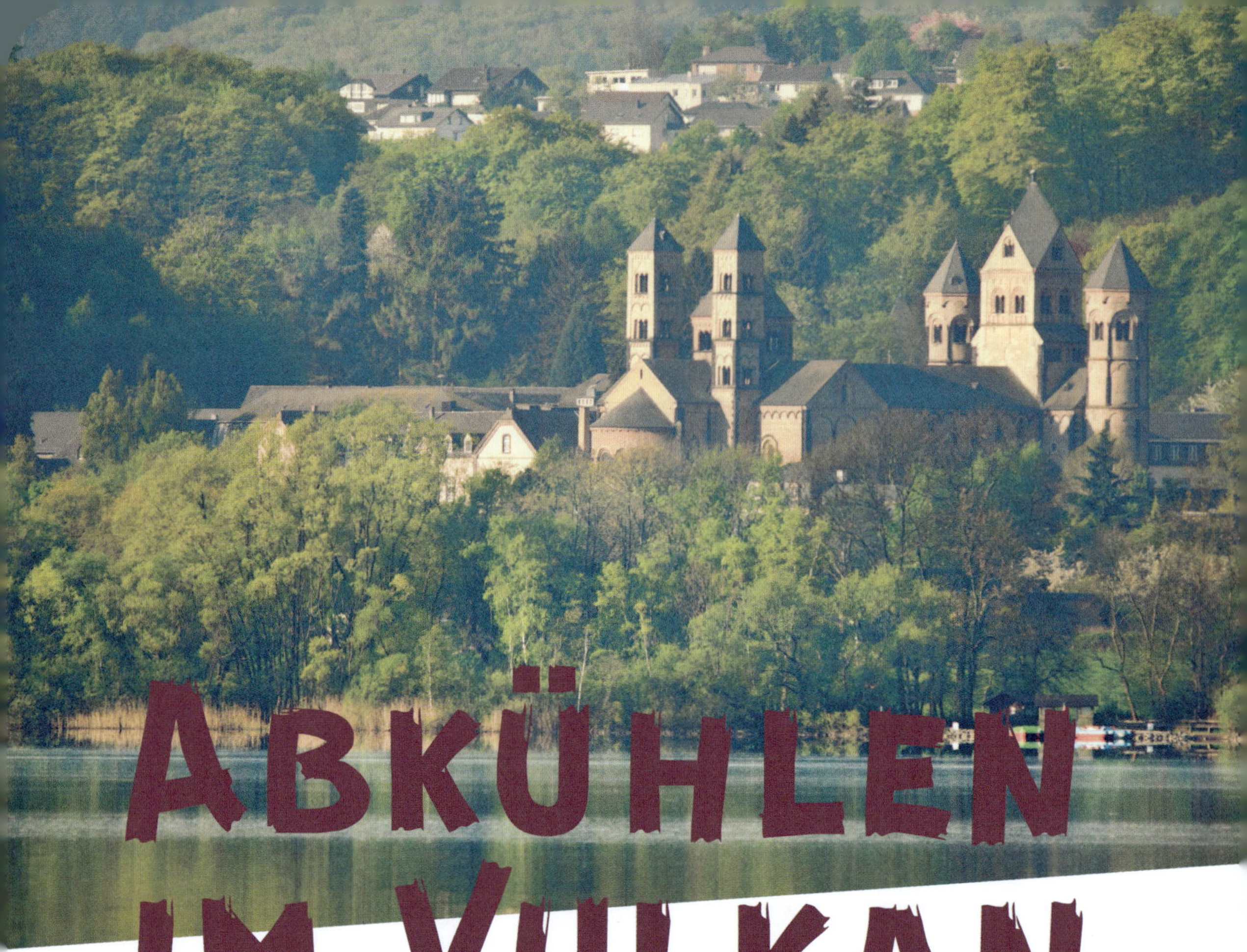

ABKÜHLEN IM VULKAN

... von Brohl nach Engeln

#20

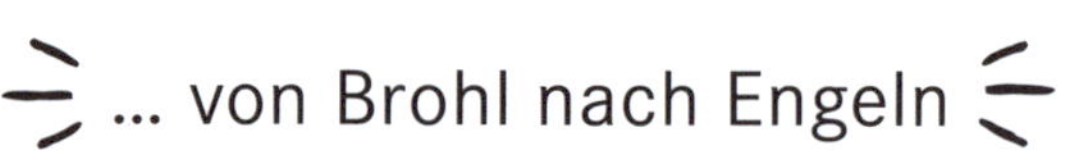

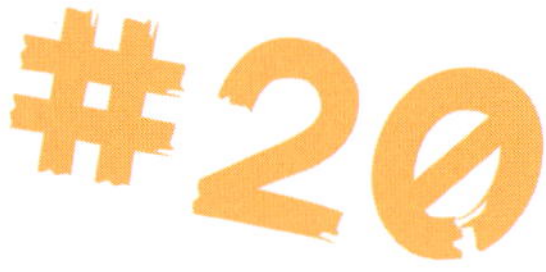

Mit der meterspurigen Brohltalbahn geht es vom Rhein hinauf in die Vulkaneifel. Neben Rad- und Wanderwegen lockt hier ein Sprung in den klaren Laacher See, die einzige wassergefüllte Caldera in Mitteleuropa.

#Mofetten #Lavakammer #Schmalspurabenteuer #Actiontour

→ IM HERZEN …

Die Abtei Maria Laach des Benediktinerordens ist für ihre sechstürmige romanische Klosterkirche, die über 250 000 Werke umfassende Bibliothek und den Klostergartenn bekannt.

Wer sehnt sich an heißen Sommertagen nicht nach Abkühlung und Cabriofahren? Beides geht auf der Brohltalbahn! Der Vulkan-Express tuckert von Brohl am Rhein 400 Höhenmeter hinauf in die Sommerfrische. Auf den Eifelhöhen warten kühle Wälder und der Laacher See. Und der offene Güterwagen, der für den Vulkan Express mit Sitzbänken ausgestattet wurde, bietet den Fahrgästen einen Panoramaplatz unter freiem Himmel.

Im Schmalspurbahnhof von Brohl, der ein paar Meter oberhalb des DB-Bahnhofs liegt, setzt sich die bunt lackierte Wagenschlange nach einem schrillen Pfiff in Bewegung. Viele enge Kurven kennzeichnen den ersten Streckenabschnitt im unteren, tief eingeschnittenen Brohltal. Die Fahrt führt meist am Waldrand entlang nach Bad Tönisstein. Bei einem Zwischenstopp lassen sie die kühlen Trasshöhlen erkunden. Sie entstanden durch den

Eine Bahnfahrt mit dem Vulkan-Express wird schnell zum Abenteuer, wenn man im Freien steht und der Wind bläst, auch wenn es nur langsam dahingeht. Eisenbahnfans und Fotografen können hier ihrem Hobby frönen.

Abbau von Rheinischem Trass, einem Tuffstein. Wenig später geht es über einen 120 Meter langen Viadukt und gleich darauf in einen dunklen Tunnel – das alte Mauerwerk rückt zum Greifen nah. Kurz darauf hält der Zug im idyllischen Fachwerkbahnhof von Burgbrohl. In seiner Nähe steht die Kaiserhalle. Die 1896 errichtete Kuppelhalle ist die ein-

zige Trassbetonhalle der Welt und wird heute noch für Veranstaltungen genutzt.

Ein paar Kilometer weiter geht es steil bergan. Hinter Oberzissen kämpft sich der Vulkan-Express mit 50 Promille Steigung und maximal 20 Kilometern pro Stunde die Eifelhöhen hinauf – vom Cabriowagen und aus den Zugfenstern bietet sich ein phänomenaler Panoramablick bis hinunter zum Rheintal! Am Haltepunkt Brenk wird klar, dass die Brohltalbahn keine reine Ausflugslinie ist. Nach wie vor wird hier das Vulkangestein Phonolith gebrochen und auf Containerzüge verladen. Nach einer letzten Kurve ist die 459 Meter hoch gelegene Endstation Engeln erreicht. Im Biergarten der Bahnhofsgaststätte kann man sich mit einem Mineralwasser oder einer Limonade aus der Region erfrischen. Am Bahnhof lädt ein Geogarten mit verschiedenen Gesteinsarten zum Spaziergang ein, außerdem führt ein Wanderweg zur Ruine der Burg Olbrück, die weithin sichtbar auf einem Phonolithkegel thront. Durch Multimediastationen erfahren Burgbesucher bei einem abwechslungsreichen Rundgang viel über die Historie der Anlage und das Leben im Mittelalter.

Tipp: Sportliche Fahrgäste können zum Rhein zurückradeln – kühlender Fahrtwind ist garantiert, denn es geht fast nur bergab! Vom Betreiber der Brohltalbahn werden verschiedene Fahrradrouten empfohlen (www.vulkan-express.de). Wer Lust auf ein Bad hat, kann mit der Buslinie 322 zum Laacher See weiterfahren. Er entstand im Kessel des Laacher Vulkans nach dessen letztem Ausbruch vor etwa 13 000 Jahren. Am Ufer ragen die sechs Kirchtürme der Benediktinerabtei Maria Laach empor. Die Klosterkirche gilt als herausragendes Beispiel deutscher Romanik (www.maria-laach.de).

Fazit: Hoch mit dem Zug, runter mit dem Fahrrad – eine ideale Kombination!

Hin & weg: Der Bahnhof Brohl ist mit Nahverkehrszügen aus Köln, Bonn und Koblenz zu erreichen. Hier fährt der Vulkan-Express nach Engeln ab.

Beste Reisezeit: Ende April bis Ende Oktober

Dauer & Strecke: 1 Tag. Die Fahrtzeit auf der 18 km langen Strecke von Brohl nach Engeln beträgt 1 Std. und 25 Min. Der Vulkan-Express verkehrt von Ende April bis Ende Oktober täglich außer montags (www.vulkan-express.de).

Tickets & Tarife: Der Vulkan-Express hat ein eigenes Tarifsystem, Fahrräder können kostenlos mitgenommen werden.

UNTER BLÄTTERN

... von Linz am Rhein nach Kalenborn

Die rheinland-pfälzische Kasbachtalbahn bietet die perfekte Kombination aus Zugfahrt und Wanderung. Bergauf nimmt man den Schienenbus, bergab geht es dann zu Fuß. Unterwegs lädt mitten im Wald eine Brauereigaststätte mit Biergarten zur Rast ein.

Die Bahnlinie von Linz am Rhein nach Kalenborn ist eine der steilsten Strecken Deutschlands. Auf einer Länge von neun Kilometern werden beachtliche 300 Höhenmeter absolviert. Ursprünglich konnten die großen Steigungen auf der 1912 eröffneten Verbindung nur mit Zahnstangen bewältigt werden – wie bei Bergbahnen. Erst Jahrzehnte später waren die Lokomotiven stark genug, um darauf verzichten zu können. Die Strecke, die überwiegend durch das schmale Kasbachtal führt, wurde für den Abtransport von Basalt aus den Steinbrüchen der Linzer Höhe gebaut. Heute bringt ein historischer Schienenbus aus den 1960er-Jahren die Wanderer und Radfahrer ins Kasbachtal.

Der Schienenbus startet im Bahnhof Linz (Rhein) der Deutschen Bahn. Die besten Plätze findet man vorn hinter dem Lokführer, dem man bei der Arbeit über die Schulter schauen kann. Gleichzeitig hat man einen guten Ausblick auf die Strecke. Laut knatternd verlässt das weinrot lackierte Gefährt den Bahnhof an der rechten Rheinstrecke und schwenkt auf

Hin & weg: Der Bahnhof Linz (Rhein) ist ohne Umsteigen mit Nahverkehrszügen ab Koblenz und Köln zu erreichen. Hier fährt die Kasbachtalbahn nach Kalenborn ab.

Beste Reisezeit: März bis Dezember

Dauer & Strecke: 1–2 Tage. Die Fahrtzeit auf der 9 km langen Strecke von Linz (Rhein) nach Kalenborn beträgt 23 Min. Die Schienenbusse fahren von Anfang März bis Mitte Dezember an Wochenenden, von Anfang Mai bis Ende Oktober auch mittwochs. Angeboten wird ein Stundentakt (www.zugtouren.de)

Tickets & Tarife: Die Kasbachtalbahn hat ein eigenes Tarifsystem, Fahrscheine werden im Zug verkauft.

Wenn es Nacht wird: In Kalenborn ist der Brexit kein Thema. Im The Little Britain Inn Country Hotel kann man nicht nur very british übernachten, sondern sich auch beim Afternoon Tea mit leckeren Scones und Clotted Cream verwöhnen lassen (www.thelittlebritaininn.com).

So historisch wie die Schienenbusse der Kasbachtalbahn sind auch die charmanten Städtchen und Haltepunkte entlang der waldigen Strecke.

die Kasbachtalbahn ein. Sofort geht es steil bergauf, den betagten Dieselmotoren wird alles abverlangt. Auf einem Viadukt poltert der Triebwagen über die Dächer von Kasbach, ehe er am Bahnhof der kleinen Ortschaft eine Verschnaufpause einlegt. Wenig später wird der Haltepunkt Brauerei Steffens passiert. Jetzt kommt der steilste Streckenabschnitt. Langsam und in vielen Kurven quält sich der Schienenbus das schattige Tal hinauf, kreuzt mehrfach den Kasbach. Hier und da lassen die Bäume ein paar Sonnenstrahlen durch das Blätterdach. Nach 23 Minuten hat der tapfere Triebwagen die Tortur überstanden und läuft in den Bahnhof Kalenborn ein.

Direkt am Bahnhof beginnen mehrere Wanderwege, wie zum Blauen See in Vettelschoß, der für sein klares Wasser bekannt ist und über ein Strandbad mit Liegewiese verfügt. Wunderschön ist auch eine Tour durch das Kasbachtal zurück nach Linz. Der ausgeschilderte Wanderweg hinunter zum Rhein folgt dem plätschernden Bach und führt nach sechs Kilometern an der „Alten Brauerei" vorbei. Auf dem Gelände der ehemaligen Brauerei Steffens entstand eine rustikale Gaststätte mit Biergarten und Nostalgiemuseum, in dem Oldtimer, Zirkuswagen und ein Kinderkarussel viel Spaß bereiten (www.alte-brauerei-kasbachtal.de). Wer die restlichen fünf Kilometer nach Linz dann nicht mehr zu Fuß zurücklegen möchte, kann am Brauerei-Haltepunkt auch wieder in den Schienenbus einsteigen. In Linz lohnt ein Rundgang durch die autofreie Altstadt mit dem hübschen Buttermarkt. Wer danach noch bei Kräften ist, kann zum Abschluss den 174 Meter hohen Kaiserberg erklimmen. Vom Gipfelkreuz – ja, das gibt es hier tatsächlich – hat man einen herrliche Aussicht über das Rheintal.

Fazit: Das schmale Kasbachtal überrascht Wanderer und Radler!

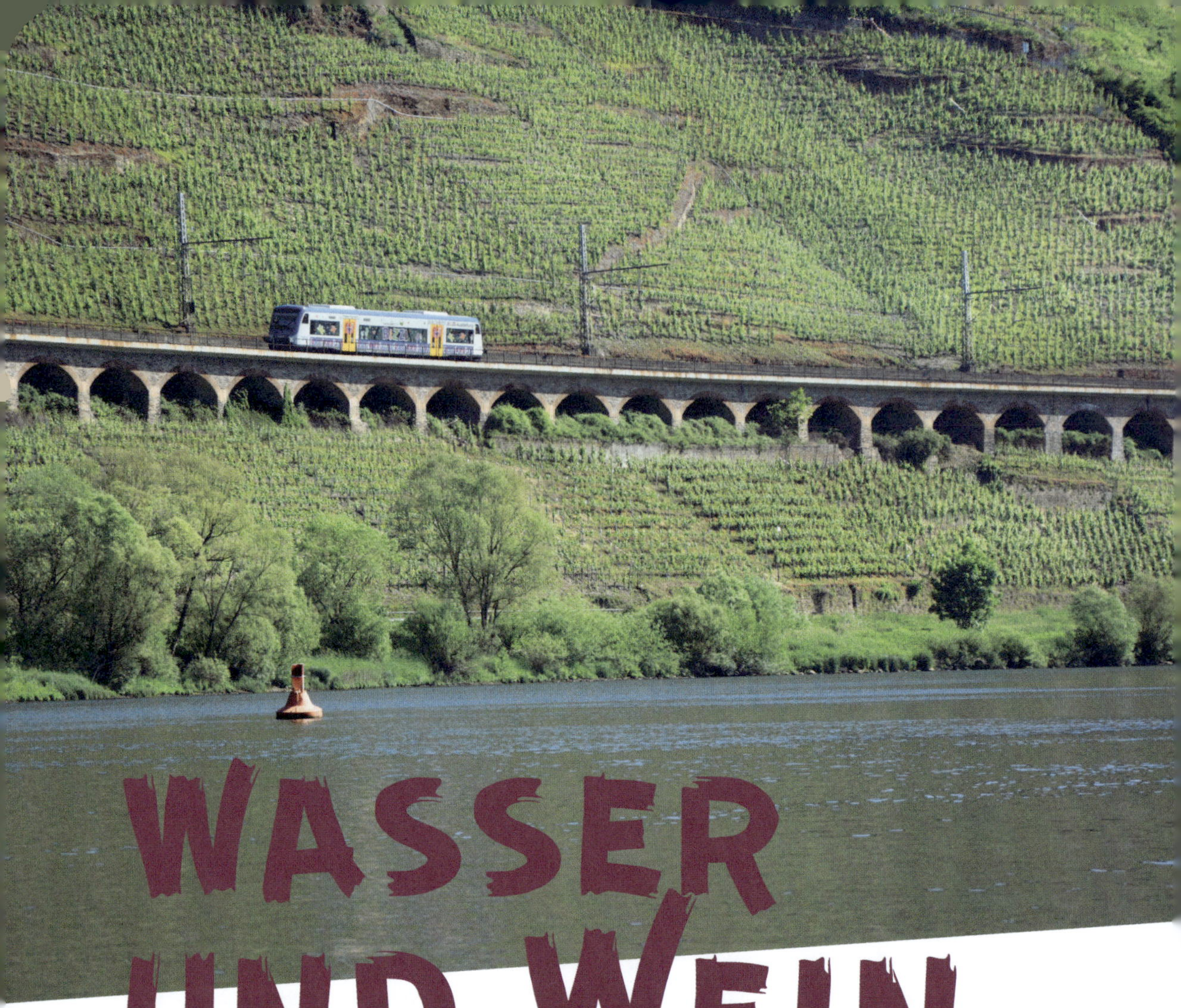

WASSER UND WEIN

… von Bullay nach Traben-Trarbach

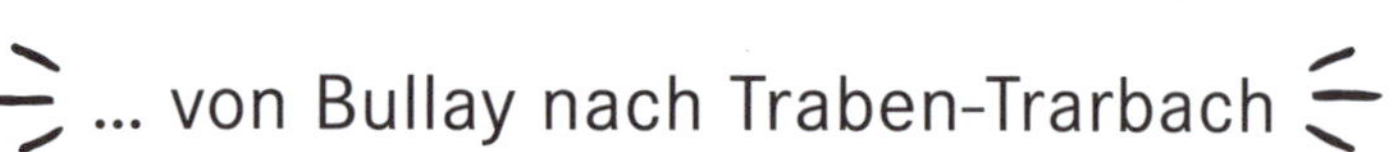

#22

Die kleine Moselweinbahn verbindet nicht nur die Winzerstadt Traben-Trarbach mit dem Rest der Welt, sondern bietet auch ein paar Superlative.

#Straußwirtschaften #WeinWeinWein #Genussreise

Die Moselweinbahn nach Traben-Trarbach bezaubert durch die Streckenführung am Fluss und durch Weinberge.

Schon die Bahnanreise auf der Moselstrecke nach Bullay ist ein Erlebnis. Von Koblenz führen die Schienen am linken Ufer flussaufwärts, ehe sie bei Cochem in den 4,2 Kilometer langen Kaiser-Wilhelm-Tunnel eintauchen. Das 1877 eingeweihte Bauwerk war 111 Jahre der längste Eisenbahntunnel in Deutschland – erst 1988 verlor er seinen Rekord an den elf Kilometer langen Landrückentunnel im Verlauf der Schnellfahrstrecke zwischen Hannover und Würzburg. Nach Verlassen des Tunnels wechseln die Züge auf einer Brücke ans rechte Moselufer und erreichen schließlich Bullay.

Die Ortsteile Traben und Trabach trennt eine Brücke, doch nur Traben hat ein imposantes Brückentor, entworfen vom Berliner Architekten Bruno Möhring. Und das Bauwerk samt Schenke ist leichter zugänglich als die vielen Burgen und Ruinen auf den umliegenden Anhöhen, allen voran dem Mont Royal.

In Bullay steht schon ein Triebwagen der Moselweinbahn bereit, mit dem es nach Traben-Trarbach weitergeht. Zum Umsteigen bleibt genügend Zeit.

Die Moselweinbahn teilt sich die Gleise auf den ersten Kilometern mit der DB. Deren Züge haben Vorfahrt, sodass sie erst starten kann, wenn der Zug Koblenz–Trier den gemeinsamen Streckenabschnitt verlassen hat. Zunächst geht es über die 1878 vollendete, erste deutsche Doppelstockbrücke, die Moselbrücke Bullay. Auf der 314 Meter langen Stahlfachwerkkonstruktion queren oben Züge und unten Autos die Mosel. Unmittelbar danach geht es in den 459 Meter langen Prinzenkopftunnel. Sobald der Triebwagen wieder ans Tageslicht kommt, verläuft die Strecke über den 786 Meter langen Pündericher Hangviadukt. Das 1878 eingeweihte Bauwerk ist bis heute – noch ein Superlativ – das längste seiner Art in Deutschland. Spektakulär ist auch der Blick auf die Mosel tief unten.

Kurz hinter dem Viadukt bremst der Zug ab und biegt auf die eigentliche Moselweinbahn ab. Nun wird die Fahrt viel gemütlicher. Leise brummend rollt der Triebwagen durch die Weinberge zum Fluss hinab. Nach einem Halt im unscheinbaren Winzerort Reil werden ein paar steil aufragende Felsen passiert, ehe es zwischen Weinreben und Wasser nach Kövenig weitergeht. Vorsichtig zwängt sich der Zug durch den schmalen Ort am Fuß des 300 Meter hohen Moselschleifenbergs Mont Royal. Nach exakt 19 Minuten Fahrt heißt es in Traben-Trarbach: Bitte aussteigen!

Der Bahnhof liegt im Ortsteil Traben am linken Moselufer. Es sind nur wenige Schritte zur Brücke, die Traben und Trabach verbindet. Das wuchtige Brückentor am rechten Ufer dient seit seiner Entstehung 1899 als Restaurant (und beliebtes Fotomotiv). Die Straße führt direkt in die hübsche Altstadt von Trarbach. In dem Doppelort beginnen zahlreiche Wanderwege, unter anderem zur Ruine Grevenburg am rechten und zur Festungsruine Mont Royal am linken Moselufer. Wer lieber die Traben-Trarbacher Unterwelt erkunden möchte, kann eine Führung durch die riesigen Weinkeller der Winzerstadt buchen (www.traben-trarbach.de).

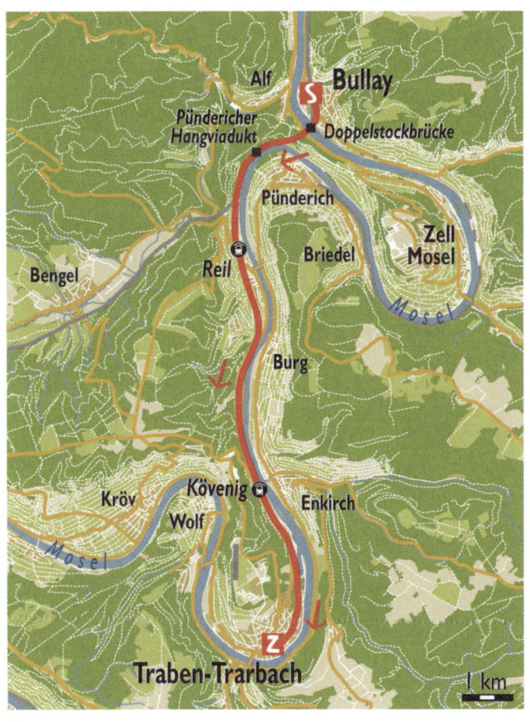

FAZIT: WER MIT DER MOSELWEINBAHN FÄHRT, DARF SICH RUHIG EIN GLÄSCHEN EXTRA GÖNNEN.

Hin & weg: Bullay ist mit Nahverkehrszügen aus Koblenz und Trier zu erreichen. Hier fährt die Moselweinbahn (RB 85) nach Traben-Trarbach ab.

Beste Reisezeit: ganzjährig

Dauer & Strecke: 1 Tag. Die Fahrtzeit auf der 13 km langen Strecke von Bullay nach Traben-Trarbach beträgt 19 Min. Die RB 85 fährt im Stundentakt.

Tickets & Tarife: Neben dem Deutschlandtarif gilt auch das Deutschlandticket.

Wenn es Nacht wird: Hinter der Fachwerkfassade des Moselschlösschens in Traben verbirgt sich ein Adults-only Spa & Resort mit Infinity Pool, Biosauna und Dampfbad (www.moselschloesschen.de).

AM RHEIN ENTLANG

… von Mainz nach Koblenz-Lützel

#23

Gleich zwei Bahnlinien winden sich durch das Obere Mittelrheintal zwischen Mainz und Koblenz. Am meisten zu entdecken gibt es auf der linken Rheinstrecke mit Zwischenstopps in Bingen, Bacharach und Oberwesel sowie dem besten Blick auf den mächtigen Loreleyfelsen.

#WelterbeErlebnis #GrandTourGermany #MarkTwain #Malerblicke

Ach, am Rhein ist es einfach so schön, da gibt es viele sonnenverwöhnte Plätze mit Aussicht auf den Fluss – dazu gehören auch die Weinberge und die Zollburg Pfalzgrafenstein bei Bacharach.

Natürlich kann man mit ICE oder IC nonstop von Mainz nach Koblenz fahren. Viel erlebnisreicher aber ist die Mittelrheinbahn, die an jedem Bahnhof hält. So kann man beliebig viele Zwischenstopps einlegen und mit dem nächsten Zug weiterfahren. Die grau-gelb lackierte Mittelrheinbahn verlässt den Mainzer Hauptbahnhof und eilt wenig später durch die Obstplantagen des noch weiten Rheintals. In Bingen-Gaulsheim lohnt sich ein Aufenthalt, um im NABU-Zentrum Rheinauen die heimische Tier- und Pflanzenwelt kennenzulernen (www.nabu-rheinauen.de).

Die nächsten Attraktionen warten nur eine Station weiter. Der Bahnhof Bingen (Rhein) Stadt liegt direkt am parkähnlich gestalteten Rheinufer. Von der Promenade hat man einen herrlichen Blick auf die gegenüberliegende Seite mit dem Niederwalddenkmal, das hoch über dem Fluss in den Weinbergen thront. Die Germaniastatue erinnert an die Einigung Deutschlands 1871. Man kann von Bingen die Rheinfähre nach Rüdesheim nehmen und mit einer Seilbahn zum Denkmal hinaufschweben. Schlagerfans aufgepasst: Eine Fähre wurde auf den Namen der aus Bingen stammenden Sängerin Mary Roos getauft.

Weiter geht's mit der Bahn. Hinter Bingen verengt sich das Tal schlagartig. Nun schlängelt sich der Zug deutlich langsamer um steile

Hin & weg: Der Mainzer Hauptbahnhof ist aus allen Himmelsrichtungen zu erreichen. Hier fährt die Mittelrheinbahn (RB 26) nach Koblenz ab.

Beste Reisezeit: Frühjahr bis Herbst

Dauer & Strecke: 1–2 Tage. Die Fahrtzeit auf der 93 km langen Strecke Mainz–Koblenz-Lützel beträgt 1 Std. und 29 Min. Die RB 26 fährt täglich mindestens im Stundentakt.

Tickets & Tarife: Es gelten der Deutschlandtarif und das Deutschlandticket.

Wenn es Nacht wird: In der historischen Burg Stahleck hoch über den Dächern von Bacharach lädt eine moderne Jugendherberge zur Übernachtung ein (www.diejugendherbergen.de).

Weinberge sowie fast senkrecht aufragende Hänge und schroffe Felsen herum. Wer den Fluss im Auge behalten möchte, sollte auf der in Fahrtrichtung rechten Seite sitzen. Das 65 Kilometer lange Obere Mittelrheintals zwischen Bingen und Koblenz zählt zum UNESCO-Welterbe. Etwa 40 Schlösser, Burgen und Festungen – viele davon nur noch Ruinen – prägen die Region. Pittoreske Ortschaften ergänzen das Bild. In Bacharach sind der Marktplatz und die Ruine der Wernerkapelle einen Besuch wert, in Oberwesel lässt sich die Altstadt auf der historischen Stadtmauer umrunden, und im Römerpark von Boppard können die Überreste eines römischen Kastells erkundet werden. Unterwegs müssen Fahrgäste zwei Mal unbedingt aus dem Fenster sehen: Erstens, wenn der Zug hinter Bacharach die auf einer winzigen Felsinsel im Rhein erbaute Zollburg Pfalzgrafenstein passiert. Zweitens hinter Oberwesel, wo die sagenumwobene Loreley, die 132 Meter hohe Schieferfelswand, emporragt.

Nach rund eineinhalb Stunden erreicht die Mittelrheinbahn den Koblenzer Hauptbahnhof. Wer möchte, kann hier aussteigen und durch die Altstadt zum Kurfürstlichen Schloss und zum Rheinufer schlendern. Eisenbahnfans fahren noch zwei Stationen weiter bis Koblenz-Lützel, um im DB Museum Koblenz die historischen Elektro- und Diesellokomotiven zu bestaunen. Zu den Highlights gehören mehrere Schnellzugloks der legendären Baureihe 103 (www.dbmuseum.de).

Fazit: Mehr Schlösser, Burgen und Bahn gehen nicht!

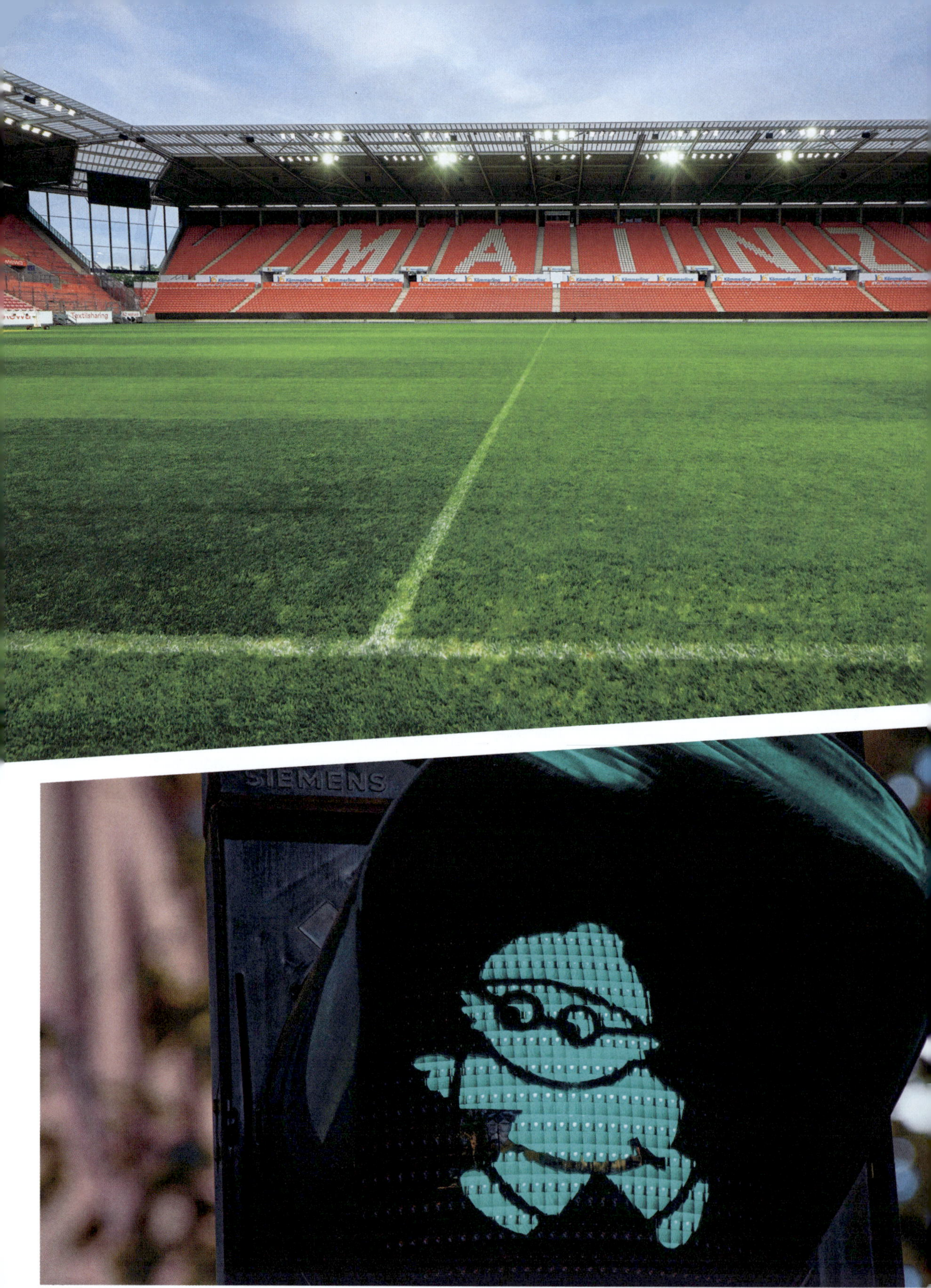
MAINZ
Textilsharing
SIEMENS

→ IM HERZEN …

Mainzel-Männchen-Alarm

… von Mainz Hbf auf den Lerchenberg und zum Gautor

#24

Mit der Mainzer Straßenbahn lassen sich auch weniger prominente Ecken in der rheinland-pfälzischen Landeshauptstadt erkunden. Die Schienenkreuzfahrt führt bergauf-bergab – unter anderem zum Zuhause der Mainzelmännchen und nach Klein San Francisco …

#MitdemZweiten #Mehrsehen #BistumMainz #Showtime

Anton, Berti, Conni, Det, Edi und Fritzchen sind bundesweit bekannt - TV-Zuschauer lieben die Mainzelmännchen, die mit harmlosen Späßchen das ZDF-Programm aufmischen. In ihrer Heimatstadt sind die kleinen Kobolde omnipräsent. Hier gibt es etliche Mainzelmännchen-Ampeln, und die Straßenbahnlinie 53 vom Hauptbahnhof auf den Lerchenberg, wo das ZDF residiert, trägt den Namen Mainzelbahn. Die modernen Züge sind flott unterwegs. Schon nach wenigen Minuten ist die Johannes Gutenberg-Universität erreicht.

Hin & weg: Mainz Hbf ist mit Nah- und Fernverkehrszügen aus allen Himmelsrichtungen zu erreichen. Die Straßenbahn-Linie 53 auf den Lerchenberg und zum Gautor fährt auf dem Bahnhofsvorplatz ab.

Beste Reisezeit: Mai bis September, wenn man live beim „ZDF Fernsehgarten" dabei sein möchte

Dauer & Strecke: 1 Tag. Die Fahrtzeit auf der 9 km langen Strecke Mainz Hbf–Lerchenberg beträgt 24 Min. Die Fahrtzeit auf der 11 km langen Strecke Lerchenberg–Am Gautor beträgt 29 Min. Die Linie 53 fährt je nach Wochentag und Tageszeit alle 10 bis 30 Min.

Tickets & Tarife: Neben dem Tarif der Mainzer Mobilität (MVG) gilt das Deutschlandticket.

Der sehenswerte Campus erstreckt sich auf einem ehemaligen Kasernengelände, historische und neue Gebäude bilden ein buntes Miteinander. Wer an der Haltestelle Universität aus- und einsteigt, findet auch gleich die passende Kulisse für ein Selfie: eine Mainzelmännchen-Ampel.

Für Fußballfans bietet sich die Haltestelle Jakob-Heinz-Straße als Zwischenstopp an. Hier draußen vor den Toren der Stadt, steht das Stadion des Bundesligisten Mainz 05. Die leuchtend rot getünchte Arena wirkt wie ein riesiges UFO, das versehentlich im Kornfeld gelandet ist. An heimspielfreien Wochenenden finden Stadionführungen statt. Im Fanshop gibt es – selbstverständlich – auch Aufkleber mit Mainzelmännchen im 05er-Outfit (www.mainz05.de).

Ohne Pfiff, aber schnittig rollt die Mainzelbahn durch die Gaustraße und am Ende warten in der Altstadt die Karmetliterkirche –und Mainzelmännchen allüberall.

Der folgende Streckenabschnitt gleicht einer Achterbahnfahrt. Erst wird eine Autobahn überquert, dann eine Bahntrasse unterfahren, gleich darauf geht es steil und kurvenreich den Lerchenberg hinauf. Die Straßenbahn hält direkt vor dem ZDF-Sendezentrum. Montags bis samstags gibt es Führungen durch das Zuhause der Mainzelmännchen. Und von Mai bis September kann man beim „ZDF Fernsehgarten" zuschauen (www.zdf-service.de). Nur wenige hundert Meter weiter endet die Mainzelbahn in einer Wendeschleife an der Haltestelle Hindemithstraße.

Nach einer kurzen Verschnaufpause geht es mit der Linie 53 zurück zum Hauptbahnhof und weiter ins Stadtzentrum. Straßenbahnfreunde aufgepasst: Hinter der Haltestelle Schillerplatz beginnt mit einer Steigung von 9,55 Prozent die steilste Straßenbahnstrecke Deutschlands. Die schmale, von hohen Häusern gesäumte Gaustraße erinnert entfernt an die Straßenschluchten amerikanischer Großstädte, sodass sie auch als Klein San Francisco bekannt ist. Die vielen kleinen Wein- und Vintageläden, die Restaurants mit französischer, japanischer oder eritreischer Küche sowie die Coffeeshops und Kneipen sorgen für internationales Flair. Die Mainzelbahnfahrt endet am oberen Ende der Straße, an der Haltestelle Am Gautor. Wer möchte, kann zum Abschluss der Straßenbahn-Kreuzfahrt noch ein wenig durch die Altstadt spazieren und – Achtung, Mainzelmännchen-Alarm! – einen Blick ins Innere der gotischen Karmeliterkirche werfen. In einem der Chorfenster sind bereits seit 1970 Anton und Det verewigt.

Fazit: Eigentlich fehlt nur noch ein Mainzelmännchen-Denkmal ...

4-FLÜSSE-TOUR

… von Frankfurt (Main) nach Saarbrücken

Die Reise führt entlang der Flüsse Main, Rhein sowie Nahe und endet in Saarbrücken, nur wenige Meter vom Ufer der Saar entfernt. Dabei geht es von Hessen über Rheinland-Pfalz ins Saarland. Auch Bewegung zu Fuß ist gefragt.

#3Bundesländer #Weiherschleife #Bengel #Gesundheitstourismus

Neben Main, Rhein, Nahe und Saar prägt auch das solehaltige Wasser, das über die Schwarzdornreisigwände der Gradierwerke in Bad Kreuznach rieselt, diesen Wellnessausflug.

Fast 1200 Züge starten und enden jeden Tag in den denkmalgeschützten Hallen des Frankfurter Hauptbahnhofs. Darunter sind auch die Dieseltriebzüge des Betreibers vlexx, der die Route nach Saarbrücken bedient. Brummend schiebt sich der dunkelblaue Zug aus der Station und kreuzt nur wenige Minuten später Fluss Nummer eins, den Main. In flottem Tempo geht es am Frankfurter Flughafen vorbei, dann poltert der Zug erneut über eine Brücke – diesmal wird der Rhein überquert, Fluss Nummer zwei. Wer auf der in Fahrtrichtung rechten Seite sitzt, hat einen spektakulären Blick auf die Silhouette der Stadt Mainz – darunter die Türme des Doms – und die Mündung des Mains in den Rhein. Nur wenige Kilometer hinter der rheinland-pfälzischen Landeshauptstadt verlässt der Zug das Rheintal schon wieder und biegt in das anfangs noch weite Nahetal ein.

Die lustige Fahrt mit der Draisine sorgt für viel Bewegung an frischer Luft. Es gibt auch E-Draisinen, sodass niemand mehr als nötig in die Pedalen treten muss. Bei den Ruderbooten ist hingegen die reine Muskelkraft gefragt.

Nach 70 Minuten können die Fahrgäste in Bad Kreuznach aussteigen und durch die Fußgängerzone zu Fluss Nummer drei, der Nahe, gelangen. Historische Brückenhäuser säumen die Alte Nahebrücke. Wer durch den Kurpark spaziert und der Nahe flussaufwärts folgt, erreicht nach zweieinhalb Kilometern das Salinental. Acht Gradierwerke bilden Europas größtes Freiluftinhalatorium. Also tief einatmen, bevor es auf dem Nahe-Wander-

weg eineinhalb Kilometer zum Bahnhof von Bad Münster am Stein geht. Dort an der Uferpromenade warten eine Eisdiele und ein schöner Blick auf den Rheingrafenstein, dem der Kurort seinen Namenszusatz verdankt. Dann besteigt man wieder den vlexx-Triebzug.

Hinter Bad Münster wird das Nahetal schlagartig enger, die Gleise führen dicht am Rotenfels entlang, einer 200 Meter hohen Steilwand. Nach wenigen Minuten hält der Zug in Staudernheim. Hier kann man auf Fahrraddraisinen umsteigen und auf einer stillgelegten Bahnstrecke durch das Glantal bis nach Meisenheim strampeln – vormittags hin, nachmittags zurück (www.draisinentour.de). Ein weiterer Stopp empfiehlt sich in Idar-Oberstein. Schon vom Zug aus ist die beeindruckende Felsenkirche aus dem 15. Jahrhundert im senkrecht aufragenden Hang zu sehen. Liebhaber funkelnder Preziosen sollten auf jeden Fall das Deutschen Edelsteinmuseum im Ortsteil Oberstein besuchen. Es ist vom Bahnhof mit der Buslinie 804 zu erreichen (www.edelsteinland.de).

Hin & weg: Der Frankfurter Hauptbahnhof ist mit Nah- und Fernverkehrszügen aus allen Himmelsrichtungen zu erreichen. Hier fährt der RE 3 nach Saarbrücken ab.

Beste Reisezeit: Frühjahr bis Herbst

Dauer & Strecke: 1–2 Tage. Die Fahrtzeit auf der 220 km langen Strecke von Frankfurt (Main) nach Saarbrücken beträgt rund 3 Std. Der RE 3 fährt täglich im Stundentakt.

Tickets & Tarife: Gültig sind der Deutschlandtarif und das Deutschlandticket.

Wenn es Nacht wird: Rooftop Sky Lounges gibt es nur in Metropolen? Von wegen! Das BC Hotel in Bad Kreuznach kann locker mithalten und serviert Sundowner über den Dächern der Kurstadt. Schöne Zimmer (www.bc-hotel.de).

Hinter Idar-Oberstein windet sich die Strecke kurvenreich aus dem Nahetal heraus und erreicht kurz hinter der Station Türkismühle, die sich bereits im Saarland befindet, mit 384 Metern ihren höchsten Punkt. Unbeschwert rollt der vlexx-Triebzug fortan der Landeshauptstadt entgegen, die immerhin 170 Meter tiefer liegt. In Saarbrücken führt die Bahnhofstraße direkt vom Bahnhof zum Sankt Johanner Markt, an dem man in einem der umliegenden Cafés und Restaurants die Fahrt Revue passieren lassen kann. Fluss Nummer vier, die Saar, strömt nur wenige Meter entfernt vorbei.

Fazit: 4 Flüsse und drei Bundesländer in einem Zug? Passt!

Buchen sollst Du suchen

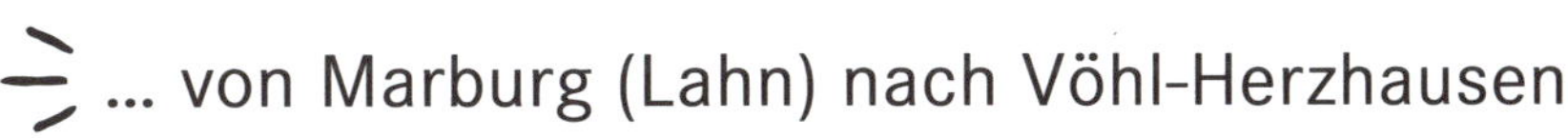

… von Marburg (Lahn) nach Vöhl-Herzhausen

#26

Die Kurhessenbahn rollt durch den Nationalpark Kellerwald-Edersee, dessen alte Buchenwälder zu den wertvollsten Baumbeständen der europäischen Mittelgebirge zählen. Buchen sind allgegenwärtig, aber der Edersee offenbart sein Geheimnis nur in trockenen Zeiten.

#Kochkünste #NationalparkRanger #HessenAtlantis

Das historische Frankenberger Rathaus ist auch heute noch das Zentrum der geschäftigen Altstadt.

Vor der Abfahrt in Marburg (Lahn), können sich Reisende im Café The Station am leckeren Frühstücksbüfett stärken und dabei den schönen Blick auf den elegant geschwungenen Giebel des neobarocken Bahnhofsgebäudes genießen (www.station-marburg.de). Auf einem Nebengleis wartet der Triebzug der Kurhessenbahn, einem Tochterunternehmen der DB, das die Nationalparkbahn RB 97 nach Vöhl-Herzhausen am Edersee betreibt. Nur wenige Kilometer hinter Marburg verlässt der Zug das Lahntal und biegt in die weite, von Wiesen und Äckern geprägte Wetschaft-Senke ein, die von der namensgebenden Wetschaft durchflossen wird. Hinter Ernsthausen windet sich die Strecke in die Höhen des Burgwalds hinauf, führt durch den 185 Meter langen Wiesenfelder Tunnel und schwenkt kurz darauf in das Edertal ein. Gemächlich rollt der Zug hinunter zum Fluss, und nach knapp einer Stunde Fahrt endet die erste Etappe in Frankenberg (Eder).

Vom Bahnhof geht es steil hinauf in die Altstadt, die vom 61 Meter hohen Turm der gotischen Liebfrauenkirche überragt wird. Zwischen Ober- und Untermarkt erhebt sich das Rathaus aus dem Jahr 1513. Der markante Fachwerkbau ist teils mit Schiefer verkleidet und wird von zehn Türmen gekrönt, die für die damals ortsansässigen Zünfte stehen. Auf der Terrasse des Restaurants SonneStuben nebenan kann man sich vor der Weiterfahrt ein Mittagessen mit Produkten aus der Region gönnen (www.sonne-frankenberg.de).

Kurz hinter der Kleinstadt wechselt der Zug auf das linke Ufer der Eder. Wer das munter plätschernde Gewässer im Blick behalten möchte, sollte jetzt auf der rechten Seite sitzen. In vielen Kurven schlängelt sich der Triebzug durch die dicht bewaldeten Hügel und immer wieder direkt am Fluss entlang. Mit etwas Glück entdeckt man einen Graureiher, der im flachen Wasser auf Beute lauert. Nach einer halbe Stunde Fahrt ist der Nationalparkbahnhof Vöhl-Herzhausen erreicht. In Sichtweite wird der Fluss zum 28 Kilometer langen und bis zu 1,3 Kilometer breiten Edersee gestaut. Dieser liegt mitten im Nationalpark Kellerwald-Edersee mit seinen weitgehend unberührten Rotbuchenwälder, die zum UNESCO-Welterbe „Alte Buchenwälder in Deutschland“ gehören. Die Mittelgebirgslandschaft erschließen zahlreiche Wanderwege, einige davon beginnen am Bahnhof. Etwa einen Kilometer südlich bietet das Nationalparkzentrum Kellerwald neben Ausstellung und Gastronomie auch einen E-Bike-Verleih (www.nationalpark-kellerwald-edersee.de). Der Stausee lässt sich auf 48- bis 55-Kilome-

Der Nationalpark Edersee-Kellerwald lässt sich unter den Dächern der alten Buchen erwandern und erleben.

ter-Touren mit dem Rad umrunden. Highlights sind das „Edersee-Atlantis" - bei niedrigem Wasserstand tauchen die Relikte der versunkenen Dörfer Asel, Berich und Bringhausen wieder auf - sowie die 400 Meter lange und knapp 50 Meter hohe Staumauer, die überquert werden kann.

FAZIT: IN NORDHESSEN FINDET MAN HERRLICHE ROTBUCHENWÄLDER.

Hin & weg: Marburg (Lahn) ist mit Nah- und Fernverkehrszügen aus Kassel und Frankfurt (Main) zu erreichen. Hier fährt die RB 97 nach Vöhl-Herzhausen ab.

Beste Reisezeit: Frühjahr bis Herbst

Dauer & Strecke: 1–2 Tage. Die Fahrtzeit auf der 51 km langen Strecke von Marburg (Lahn) nach Vöhl-Herzhausen beträgt 1 Std. und 15 Min. Die RB 97 fährt täglich im Ein- bis Zweistundentakt.

Tickets & Tarife: Gültig sind der Deutschlandtarif und das Deutschlandticket.

Wenn es Nacht wird: Müde Wanderer können sich in der Saunalandschaft und im Wellnessbecken des Hotels Die Sonne Frankenberg entspannen (www.sonne-frankenberg.de).

IMMER DER LAHN NACH

... von Erndtebrück nach Koblenz

#27

Die 245 Kilometer lange Lahn wird fast durchgehend von Bahngleisen begleitet. Vom Zugfenster aus hat man den Fluss immer gut im Blick. Zwei Mal müssen die Reisendem umsteigen – in Marburg und Gießen –, um die gesamte Strecke abzufahren.

#HeiligeElisabeth #BrüderGrimm #Unileben #Rothaargebirge

Die Lahn entspringt in 603 Meter Höhe, nahe der nordrhein-westfälischen Kleinstadt Erndtebrück. Hier hat die Obere Lahntalbahn (RB 94) ihren Ausgangspunkt, die über Bad Laasphe nach Marburg (Lahn) führt. Der Triebzug schiebt sich aus dem Bahnhof, erklimmt die Höhen des Rothaargebirges und biegt wenig später in das Lahntal ein. Am Haltepunkt Feudingen treffen die Gleise zum ersten Mal auf den Fluss, der hier noch ein Rinnsal ist. Durch das schmale, meist dicht bewaldete Tal geht es in gemächlichem Tempo nach Marburg. Hauptattraktionen der hessischen Universitätsstadt sind die gotische Elisabethkirche mit der hoch emporragenden Doppelturmfassade aus dem 13. Jahrhundert und das aufs 11. Jahrhundert zurückgehende Landgrafenschloss. Wer gut zu Fuß ist, kann die von Fachwerkhäusern geprägte Oberstadt treppauf, treppab auf dem „Grimm-Dich-Pfad" erkunden. Er verknüpft 20 mehr oder weniger skurrile Kunstwerke zu den Märchen der Brüder Grimm, die in Marburg studierten. (www.marburg-tourismus.de).

Von Marburg aus fahren die RB 41 sowie der RE 30 nach Gießen. Aus der Lahn ist inzwischen ein mehrere Meter breiter Strom geworden, der träge durch die Felder und Wiesen des hier recht breiten Tals mäandert. In Gießen muss man in den Lahntalexpress (RE 25) umgesteigen, der alle zwei Stunden über Limburg (Lahn) nach Koblenz fährt. Hinter Wetzlar wird das Tal wieder enger. In Weilburg ist kurz das über dem Fluss thronende barocke Schloss zu sehen, ehe der Zug durch das Weilburger Tunnelensemble donnert. Die Anlage mit drei Tunneln für Bahn, Schiff und Straße ist weltweit einzigartig.

Vom Bahnhof Limburg (Lahn) geht es zu Fuß in nördlicher Richtung quer durch die Altstadt mit ihren malerischen Fachwerkhäusern zum mächtigen frühgotischen Dom, der auf einem Kalkfelsen hoch über dem Fluss die Stadtansicht dominiert. Ein Uferweg führt zur nahen Alten Lahnbrücke mit ihren sechs Steinbögen

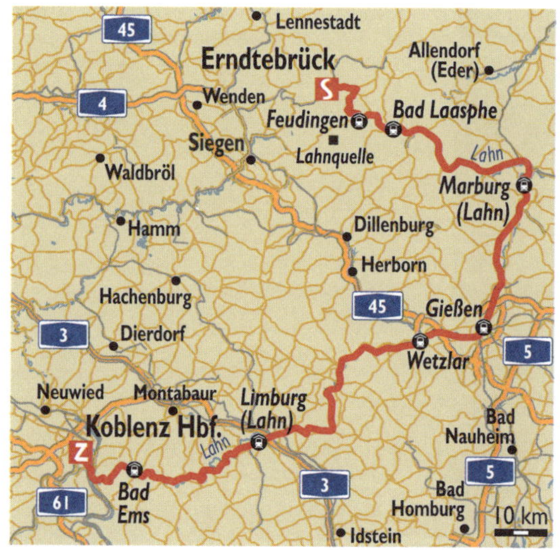

Kurz hinter Weilburg donnert der Zug meist ohne Zwischenstopp an Runkel vorbei, aber auch vom Fenster aus hat man einen guten Blick auf die im 15. Jahrhundert errichtete Lahnbrücke und die mittelalterliche Hochburg.

und einem wehrhaften Brückenturm an der gegenüberliegenden Seite.

Zwischen Limburg und Koblenz fährt neben dem RE 25 auch die RB 23, sodass halbstündlich bis stündlich ein Zug kommt. Die Lahn windet sich nun in unzähligen Schleifen durch ihr felsiges Bett, während die Bahn hin und wieder die Abkürzung durch einen Tunnel nimmt. In Bad Ems lohnt sich ein Zwischenstopp. Der mondäne Kurort bezaubert mit seiner hübschen Flusspromenade, die zur Spielbank führt. Daneben startet eine Standseilbahn hinauf zur Bismarckhöhe, von der man eine schöne Aussicht ins Tal hat.

Hinter Niederlahnstein verabschiedet sich die Lahn von der Bahn und mündet in den Rhein. Der Triebwagen rollt noch ein paar Kilometer weiter bis in den Koblenzer Hauptbahnhof.

Fazit: Gar nicht lahm an der Lahn. Es gibt viel zu entdecken!

Hin & weg: Erndtebrück ist mit Nahverkehrszügen aus Siegen zu erreichen. Hier startet die Reise mit der Regionalbahn (RB 94) nach Marburg (Lahn).

Beste Reisezeit: ganzjährig

Dauer & Strecke: 1–2 Tage. Die Fahrtzeit auf der 211 km langen Strecke von Erndtebrück nach Koblenz Hbf beträgt 4 Std. und 17 Min. In Marburg (Lahn) und Gießen muss man umsteigen. Alle Züge fahren täglich im Ein- bis Zweistundentakt.

Tickets & Tarife: Gültig sind der Deutschlandtarif und das Deutschlandticket.

Wenn es Nacht wird: Das komfortable Hotel B4 am Limburger Bahnhof legt Wert auf Nachhaltigkeit. Aus den Steckdosen fließt Ökostrom, die Zutaten für das gute Frühstück stammen aus der Region (www.hotelb4.de).

WASSER-KRAFT VORAUS

... mit der Standseilbahn auf den Neroberg

Die Nerobergbahn ist das schrägste Ausflugsziel Wiesbadens. Auf der exakt 438 Meter langen Strecke werden immerhin 83 Höhenmeter bewältigt.

#AlteRömer #Ikonen #Villenviertel #Suchtfaktoren

→ IM HERZEN

Der Wiesbadener Hausberg begeistert sowohl Technikinteressierte als auch Kletterfans, Alte und Junge, Kultur- und Naturliebhaber. Langeweile unbekannt!

Seit 1888 rumpeln die beiden Wagen der Nerobergbahn Wiesbadens Hausberg rauf und runter. 3,5 Minuten benötigen sie heute wie damals bis zur 245 Meter hoch gelegenen Bergstation. Die Wasserlast- und Zahnstangen-Standseilbahn, so die technisch korrekte Bezeichnung, ist die letzte Bergbahn dieses Typs in Deutschland. Das Antriebssystem ist verblüffend einfach: Der talwärts fahrende Wagen wird an der Bergstation mit bis zu 7000 Litern Wasser befüllt und zieht an einem Stahlseil den anderen Wagen bergauf. Kommt der talwärts fahrende Wagen unten an, wird das Wasser abgelassen und wieder bergauf gepumpt. Die Zahnstange zwischen den Gleisen dient nur zum Bremsen.

Die Nerobergbahn gewährt den Fahrgästen einen Blick von oben auf herrschaftliche Villen und Gärten.

Die Fahrscheine können an einem Schalter in der Talstation erworben werden. In jedem der beiden Wagen, die noch aus dem Eröffnungsjahr der Bahn stammen, gibt es vier Abteile mit Holzbänken. Wer möchte, kann auch auf der offenen Plattform neben dem Fahrzeugführer mitfahren – hier hat man den besten Blick auf die Gleise mit dem ratternden Stahlseil und der Zahnstange. Wenige Meter nach der Abfahrt überquert der Wagen auf einem Viadukt den Schwarzbach und bewältigt mit maximal 7,3 km/h die 25-prozentige Steigung. In der Streckenmitte liegt die Ausweiche, in der sich der berg- und der talwärts fahrende Wagen begegnen. Zwischen Waldrand und Weinreben bietet sich immer wieder

Oben auf dem Neroberg locken der Monopteros und die russisch-orthodoxe Kirche samt sehenswertem Friedhof.

ein herrlicher Blick über das Rheintal. Viel zu schnell endet die Fahrt in der kleinen Bergstation.

Auf dem Neroberg gibt es viel zu entdecken. Von der Aussichtsterrasse mit den beiden Steinlöwen hat man einen weiten Panoramablick auf Wiesbaden und die Nachbarstadt Mainz, bei klarer Sicht sind auch der Odenwald und die Anhöhen Rheinhessens zu erkennen. Der elegante Nerobergtempel steht in Sichtachse zur neogotischen Marktkirche tief unten in der Wiesbadener Innenstadt. Hoch auf dem Berg schimmern auch die fünf goldenen Kuppeln der 1855 erbauten russisch-orthodoxen Kirche. Fresken, Ikonen und Skulpturen schmücken das Innere (www.rok-wiesbaden.de). Wer mehr Bewegung braucht, kann im Opelbad ein paar Bahnen ziehen. Das Freibad liegt inmitten von Weinreben (www.mattiaqua.de). Ganz Sportliche wagen sich in den Kletterwald Neroberg mit 18 Parcours für Groß und Klein (www.kletterwald-neroberg.de). Wenn sich nach so viel Action der Hunger meldet, empfiehlt sich der gemütliche Biergarten des Restaurants Der Turm auf der Bergkuppe (www.wagner-gastronomie.de).

Fazit: Spaß und schöne Aussichten auf der schiefen Bahn!

Hin & weg: Die Talstation der Nerobergbahn ist mit den Wiesbadener Stadtbussen der Linie 1 zu erreichen, die am Hauptbahnhof starten.

Beste Reisezeit: Die Nerobergbahn fährt von Karfreitag bis Ende Oktober.

Dauer & Strecke: 1 Tag. Die Fahrtzeit auf der 438 m langen Strecke von der Tal- zur Bergstation beträgt 3,5 Minuten. Die Nerobergbahn fährt täglich im 15-Minuten-Takt (www.nerobergbahn.de).

Tickets & Tarife: Die Nerobergbahn hat ein eigenes Tarifsystem.

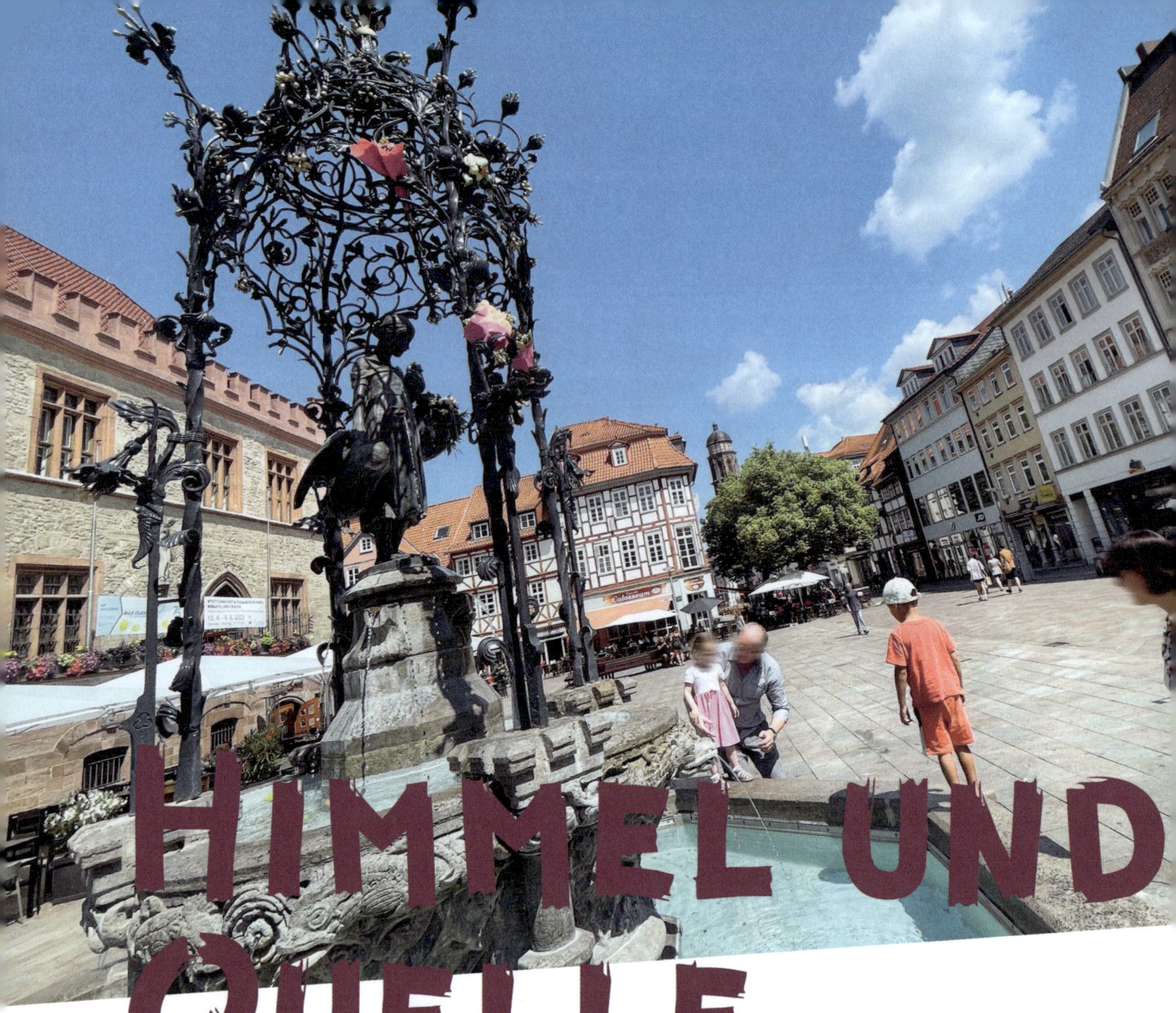

HIMMEL UND QUELLE

... von Göttingen nach Paderborn

#29

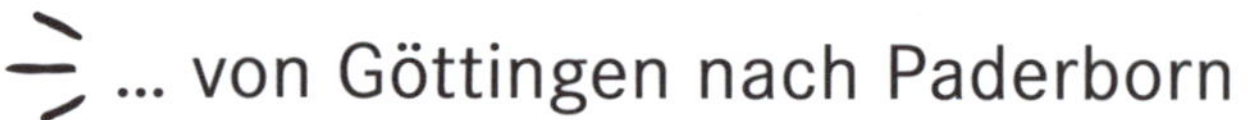

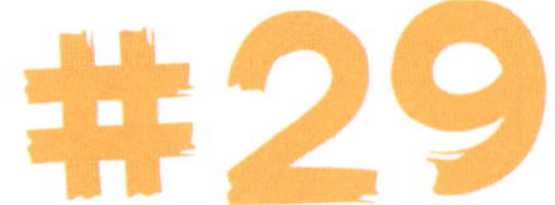

Eine Regionalbahn verbindet den leise plätschernden Gänseliesel-Brunnen in Göttingen mit dem Weserstrom und den üppig sprudelnden Paderquellen in der Stadtmitte von Paderborn.

#VivatViadukt #Hugenotten #TeutoburgerWald #Hasenfenster

Von Bad Karlshafen aus lässt sich der Weser-Skywalk erklimmen.

Wer noch nie durch die Göttinger Altstadt gebummelt ist, sollte das spätestens jetzt nachholen. Vom Hauptbahnhof geht es etwa einen Kilometer durch die Fußgängerzone zum Gänseliesel-Brunnen am Alten Rathaus. Der Brunnen aus dem Jahr 1901 ist das Wahrzeichen der Universitätsstadt. Traditionell ziehen die Doktoranden nach bestandener Prüfung zum Gänseliesel und stecken der zierlichen Bronzefigur einen Blumenstrauß zu.

Am Bahnhof werden die Reisenden von einem Dieseltriebzug der NordWestBahn (NWB) erwartet. Dessen windschnittige Form stammt vom Industriedesigner Alexander Neumeister, der auch den 300 km/h schnellen ICE 3 entworfen hat. Der kleine Bruder des ICE ist allerdings deutlich gemächlicher unterwegs. Er brummt entspannt die Höhen des Sollings hinauf, biegt in das Wesertal ein und erreicht Bad Karlshafen. Aussteigen! Mittelpunkt des Kurorts ist ein historisches Hafenbecken, das als Ausgangspunkt für den 160 Kilometer langen Landgraf-Carl-Kanal nach Marburg geplant war. Aber nach knapp 20 Kilometern und dem Tod des Landgrafen im Jahr 1730 wurden die Arbeiten eingestellt. Gleich am Bahnhof beginnt ein zwei Kilometer langer Wanderweg hinauf zum Weser-Skywalk. Die Aussichtsplattform in rund 80 Metern Höhe

Fahren wieder Dampfzüge durch das Eggegebirge nach Paderborn? Nein, bei diesem Bild handelt es sich um ein Motiv der Modellbundesbahn in Brakel.

eröffnet einen herrlichen Blick auf das hier noch schmale Flusstal und das charmante Hafenstädtchen.

Im weiteren Verlauf der Strecke folgen die Gleise zunächst noch der Weser, ehe sie bei Ottbergen nach Westen abbiegen und das Eggegebirge erreichen. Für Eisenbahnfans ist ein Zwischenstopp in Brakel ein Muss. Einen Kilometer vom Bahnhof entfernt widmet sich die Modellbundesbahn im Maßstab 1:87 der Dampflokzeit um Ottbergen und Bad Driburg (www.modellbundesbahn.de).

Die Zwischenstopps Nummer drei und vier folgen dicht aufeinander. In Bad Driburg lädt der Gräfliche Park zu einem Spaziergang ein. Durch den Landschaftsgarten im englischem Stil wandelte schon die stets etwas kränkliche Schriftstellerin Annette von Droste-Hülshoff bei ihren Kuren in den 1820er- Jahren. In Altenbeken überspannt ein mächtiger Eisenbahnviadukt aus dem Jahr 1853 das Beketal. Das nahezu 500 Meter lange und 35 Meter hohe Bauwerk mit 24 Bögen lässt sich auf einem Rundwanderweg erkunden (www.viadukt-wanderweg.de).

Nachdem der Zug den Viadukt überquert hat, führt die Strecke hinab nach Paderborn. Endstation! Inmitten vom Stadtzentrum entspringt aus 200 Quellen die Pader, Deutschlands kürzester Fluss – schon nach nur vier Kilometern mündet er in die Lippe. Im Stadtzentrum oberhalb des Quellgebiets ragt der Dom empor. Sein Glockengeläut hüllt Paderborn mehrmals täglich in einen vibrierenden Klangteppich.

Hin & weg: Der Göttinger Hauptbahnhof ist mit Nah- und Fernverkehrszügen aus Hannover, Erfurt und Kassel zu erreichen. Hier fährt die NordWestBahn (RB 85) nach Paderborn ab.

Beste Reisezeit: ganzjährig

Dauer & Strecke: 1–2 Tage. Die Fahrtzeit auf der 112 km langen Strecke von Göttingen nach Paderborn beträgt knapp 2 Std. Die RB 85 fährt im Ein- bis Zweistundentakt.

Tickets & Tarife: Es gelten der Deutschlandtarif und das Deutschlandticket.

Wenn es Nacht wird: Das Gräflicher Park Health & Balance Resort in Bad Driburg verwöhnt seine Gäste mit einem herrlichen Schwimmbecken im Park, Wellness und Spa (www.graeflicher-park.de).

FAZIT: DIESE ABWECHSLUNGSREICHE TOUR IST EIN KLEINER AKTIVURLAUB!

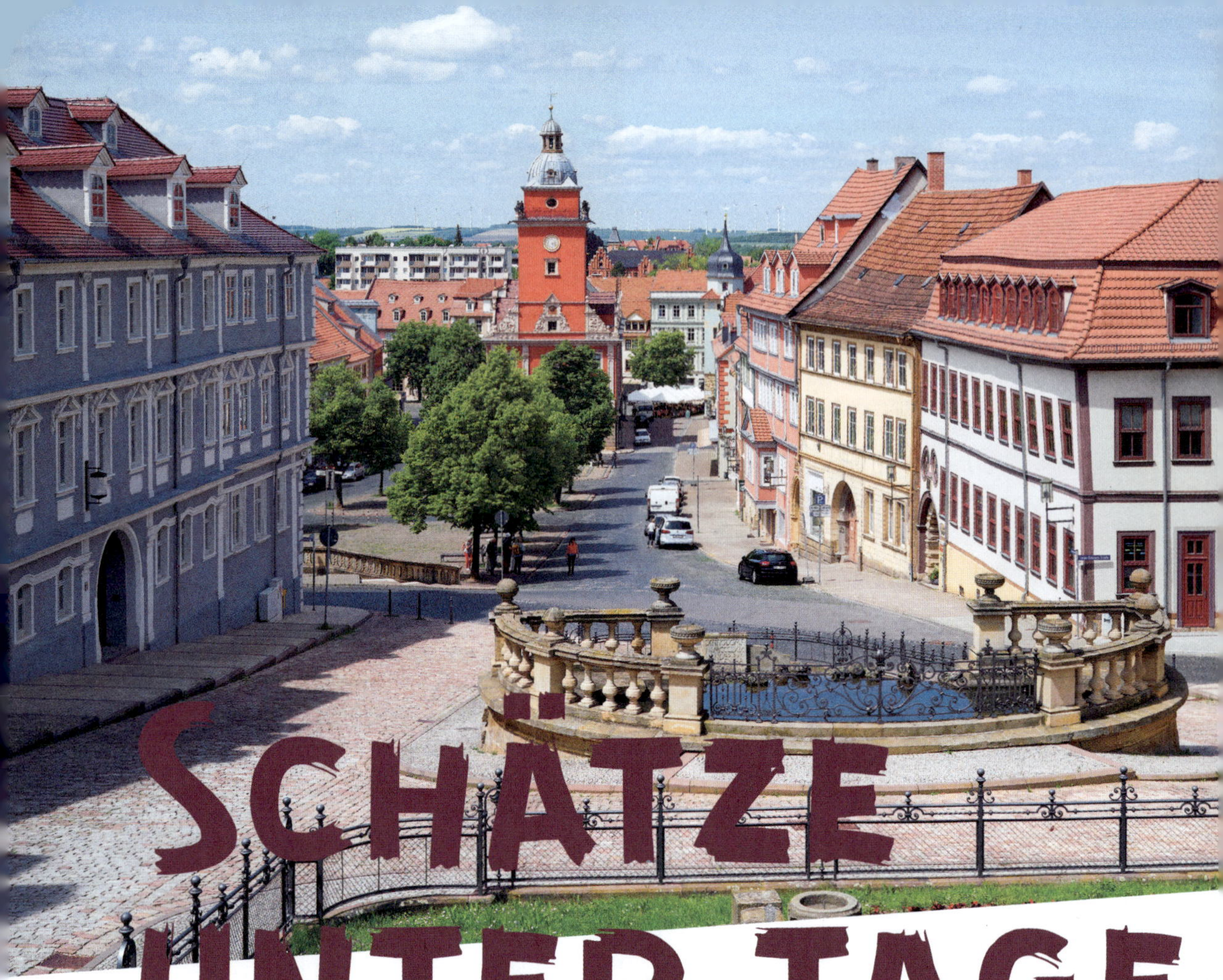

SCHÄTZE UNTER TAGE

… von Gotha zur Marienglashöhle Friedrichroda

#30

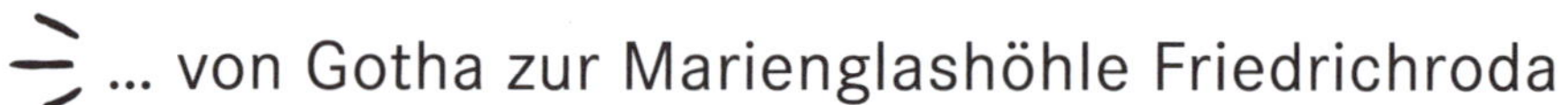

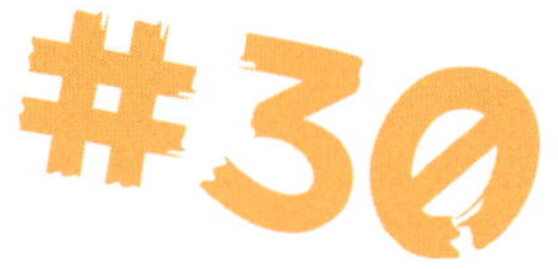

Die Thüringerwaldbahn, eine meterspurige Überlandstraßenbahn, rollt von Gotha nach Friedrichroda und Tabarz in den Thüringer Wald. Vor der Abfahrt lohnt ein kleiner Spaziergang durch Gotha.

#GeoparkInselsberg #StalagmitenStalagtiten #ThüringerBogen

Die Thüringerwaldbahn fährt aus den Straßen Gothas hinaus ins Grüne.

Die Stadt Gotha steht ein wenig im Schatten ihrer prominenten Nachbarn Erfurt und Eisenach. Zu unrecht, wie ein kleiner Spaziergang durch das Zentrum zeigt. Da die Thüringerwaldbahn, die vom Hauptbahnhof bis zur Endstation in Bad Tabarz fährt, ohnehin zunächst die Altstadt umrundet, kann man auch später einsteigen, beispielsweise an der Haltestelle Gartenstraße.

Vom Hauptbahnhof in Gotha sind es nur ein paar Schritte zum schönen Schlosspark, über dem Schloss Friedenstein thront. Die im 17. Jahrhundert errichtete Residenz der Herzöge von Sachsen-Gotha zählt zu den besterhaltenen frühbarocken Bauwerken Deutschlands. Die repräsentativen Räumlichkeiten zeigen sich im Stil von Barock, Rokoko und Klassizismus (www.stiftung-friedenstein.de).

Auf dem Weg ins Zentrum passiert man die Wasserkunst, ein hübsches Brunnenensemble, das einst zur Wasserversorgung der Altstadt diente. Auf dem lang gestreckten Hauptmarkt erhebt sich das in der Renaissance erbaute rote Rathaus. Durch malerische Gassen geht es weiter zum Neumarkt, der von der spätgotischen Margarethenkirche überragt wird. Knapp 200 Meter nördlich befindet sich die Haltestelle Gartenstraße.

Schloss Friedenstein ist die Topattraktion in Gotha, es beherbergt das Barocktheater Ekhof und eine wertvolle Kunstkammer, wohl auch Werke aus Marienglas, das im Rohzustand so unscheinbar aussieht.

Die Thüringerwaldbahn, die als Linie 4 der Thüringerwaldbahn und Straßenbahn Gotha GmbH (www.waldbahn-gotha.de) nach Friedrichroda und Tabarz rollt, nutzt in Gotha die Gleise der städtischen Straßenbahn. In Sundhausen wird noch ein Abstecher zum Krankenhaus eingelegt, dann verlässt die Überlandstraßenbahn das Stadtgebiet. Mit bis zu 65 km/h rumpelt der in Blau und Gelb lackierte Zug durch die hügelige Landschaft nach Wahlwinkel und Waltershausen. Schon bald kommt der Große Inselsberg in Sicht, mit 917 Metern eine der höchsten Erhebungen des Thüringer Waldes. Nahe dem Haltepunkt Schnepfental gesellt sich die Bahnstrecke zwischen Fröttstädt und Friedrichroda zur Thüringerwaldbahn, und auf den folgenden zwei Kilometern laufen beide parallel. Mit etwas Glück lässt sich ein „Wettrennen" zwischen Tram und Eisenbahn erleben.

Hinter Friedrichroda macht die Thüringerwaldbahn ihrem Namen noch mal alle Ehre, wenn es durch dichte Laub- und Nadelwälder zur Haltestelle Marienglashöhle geht. Zwischen den Orten Friedrichroda und Tabarz wurde in einer Grube 1784 ein großer Hohlraum mit Gipskristallen entdeckt. Das durchsichtige Material war bis Mitte des 19. Jahrhunderts vor allem als Verzierung von Altären und Leuchtern in Kirchen begehrt – und wird daher Marienglas genannt. Die Kristallgrotte blieb erhalten und bildet heute als Marienglashöhle das Herzstück eines Schaubergwerks, das man im Rahmen von kurzweiligen Führungen besichtigen kann (www.marienglashoehle-friedrichroda.de).

Hin & weg: Gotha ist mit Nah- und Fernverkehrszügen aus Kassel, Fulda und Erfurt zu erreichen. Hier fährt die Linie 4 der Thüringerwaldbahn und Straßenbahn Gotha GmbH über Friedrichroda und Tabarz ab.

Beste Reisezeit: Frühjahr bis Herbst

Dauer & Strecke: 1 Tag. Die Fahrtzeit auf der 19 km langen Strecke von Gotha Hbf zur Marienglashöhle beträgt 50 Min. Die Linie 4 fährt täglich im Halbstundentakt.

Tickets & Tarife: Neben dem Tarif des Verkehrsverbunds Mittelthüringen (VM) gilt das Deutschlandticket.

Tipp: Nach dem Ausflug in die funkelnde Unterwelt kann man auf markierten Wegen zurück nach Friedrichroda oder weiter nach Bad Tabarz wandern.

Fazit: Ein vielseitiger Tagesausflug am Fuß des Thüringer Waldes!

DOM ZU NAUMBURG

IM UND AM FLUSS

… von Bamberg nach Naumburg (Saale)

#31

Abseits der schnellen Fernverkehrsstrecken kurvt ein Regionalexpress von Bamburg über den Frankenwald und durch das Saaletal nach Jena und Naumburg. Unterwegs lohnen Zwischenstopps in der kleinen Fachwerkstadt Kronach und im ehemaligen Grenzort Probstzella.

#Rauchbier #KleinVenedig #Lichtstadt #Saalehorizontale #UTA

Mit Bamberg und Naumburg liegen zweigroßartige Welterbestädte an Start und Ziel dieser Bahneskapade, schön, dass dazwischen keine Grenze mehr liegt und die Reise unbeschwert von einem Highlight zum nächsten führt.

So manches Rathaus hat schon einmal unter Wasser gestanden, doch im Wasser dürfte nur das Bamberger Rathaus stehen. Grund genug, das im 14. Jahrhundert in der Regnitz errichtete Bauwerk zu besuchen. Dessen Lage soll zurückgehen auf einen Streit zwischen Bamberger Bürgern und Fürstbischof, der für die Errichtung eines Rathauses nichts von seinem Land abgeben wollte. Also legten die Bürger mitten im Fluss eine künstliche Insel an und setzen dem Bischof das Rathaus direkt vor die Nase (www.bamberg.info).

Kurz nach Verlassen des Bamberger Bahnhofs schwenkt der Regionalexpress RE 42 in das Tal des Roten Mains ein. In rascher Fahrt geht es in nördlicher Richtung nach Kronach. Wer möchte, kann hier einen Zwischenstopp einlegen und durch die alte Fachwerkstadt zur Festung Rosenberg hinaufwandern. Die zwischen dem 13. und 17. Jahrhundert entstandene Anlage wurde von Feinden nie bezwungen (www.kronach.de).

Hinter Kronach erklimmt der Zug die Steigungen des Frankenwalds. In Steinbach am Wald ist mit 593 Metern der höchste Punkt erreicht, ehe es wieder hinunter nach Probstzella geht. Kurz vor dem Bahnhof passiert der Zug die frühere innerdeutsche Grenze. Das DDR-Grenzbahnhof-Museum hält mit Exponaten, Film- und Tondokumenten die Erinnerung an die Kontrollen in den Interzonen- und Transitzügen wach (www.grenzbahnhof-museum.de). Damals befand sich die Zollverwaltung gegenüber vom Bahnhof im Haus des Volkes, das heute wie zu seiner Entstehungszeit 1927 als Hotel mit Restaurant dient.

Bei Kaulsdorf fährt der Zug ins Tal der Saale. Der Nebenfluss der Elbe schlängelt sich durch Wiesen und Wälder und erreicht schon bald die Universitätsstadt Jena. Hier hält der Zug im Bahnhof Jena Paradies. Das markanteste Gebäude der Stadt ist der 160 Meter hohe, 1972 erbaute Jentower, den die Einwohner meist „Keksrolle" nennen. Von der Aussichtsplattform im 28. Stock hat man einen wunderbaren Panoramablick über die Stadt (www.jentower.de). Weiter nördlich ermöglicht das Zeiss-Planetarium Reisen zu fernen Sternen (www.planetarium-jena.de).

Dann sind es nur noch wenige Kilometer bis nach Naumburg (Saale). Vom Bahnhof fährt eine Straßenbahn in die Altstadt mit dem mächtigen Dom, der zum UNESCO-Weltkulturerbe gehört. Besonders begeistern die zwölf lebensgroßen Stifterfiguren aus dem 13. Jahrhundert im Westchor (www.naumburger-dom.de).

Den ersten Sternenprojektor stellte Zeiss 1925 vor – heute sorgen Hightechapparate für Aha-Erlebnisse.

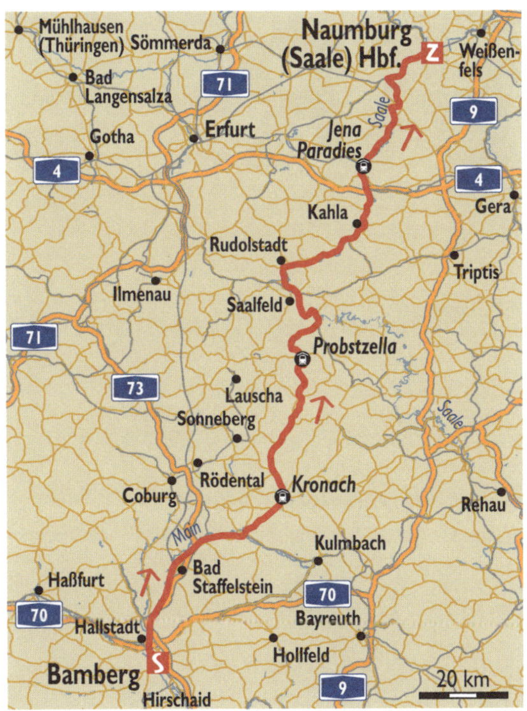

FAZIT: KEKSROLLEN GIBT ES IM SUPERMARKT. ODER IN JENA …

Hin & weg: Bamberg ist mit Nah- und Fernverkehrszügen aus Würzburg und Nürnberg zu erreichen. Hier fährt der Regionalexpress RE 42 nach Naumburg (Saale) ab.

Beste Reisezeit: ganzjährig

Dauer & Strecke: 1–2 Tage. Die Fahrtzeit auf der 206 km langen Strecke von Bamberg nach Naumburg beträgt 2 Std. und 44 Min. Der RE 42 fährt täglich im Zweistundentakt.

Tickets & Tarife: Gültig sind der Deutschlandtarif und das Deutschlandticket.

Wenn es Nacht wird: Im Bauhaushotel Probstzella sind Zimmer und Blauer Saal im Restaurant originalgetreu hergerichtet (www.bauhaushotel.com).

GIPFEL-STÜRMER

… von Quedlinburg über den Brocken nach Wernigerode

#32 *Der Harz wird von einem 140 Kilometer langen Meterspurnetz erschlossen. Mit Diesel- und Dampfzügen geht es auf den 1142 Meter hohen Brocken, Norddeutschlands höchsten Berg.*

#Walpurgisnacht #Pastorentreppe #Domschatz #Borkenkäfer

→ IM HERZEN …

Zugfahrten durch den Harz zum Gipfel des Brocken sind besser als jede Waldwanderung.

Die meisten Besucher „hasten" von Wernigerode aus direkt auf den Brocken. Wer etwas mehr Zeit mitbringt, kann mit der Harzer Schmalspurbahnen GmbH (HSB) entspannt über die Selketalbahn anreisen und dabei auch noch den Ostharz kennenlernen. Die Fahrt startet am nördlichen Harzrand, in der Stadt Quedlinburg, die zum UNESCO-Weltkulturerbe gehört. Keinesfalls entgehen lassen sollte man sich die von Fachwerkhäusern geprägte Altstadt, über der sich der Schlossberg mit der Stiftskirche Sankt Servatii erhebt (www.quedlinburg-info.de).

Der in Weinrot und Beige lackierte Triebwagen rollt zunächst beinah schnurstracks

Fachwerkhäuser tragen wesentlich zum Charme von Quedlinburg und Wernigerode bei, kein Wunder dass der Harz auch Maler und Dichter magisch anzog.

durch das flache und offene Harzvorland nach Gernrode. Hier biegt er in den schmalen Ostergrund ein. Fährt in vielen Kurven und unter hohen Bäumen steil bergauf, ehe er bei Mägdesprung das Tal der Selke erreicht. Der Triebwagen rumpelt gemächlich flussaufwärts – mal sprudelt das glasklare Wasser auf der einen Seite der Gleise, mal auf der anderen. Nach und nach öffnet sich das Tal, und kurz vor dem 500 Meter hoch gelegenen Bahnhof Stiege weichen die Bäume einer Heide- und Wiesenlandschaft, in der die Selke entspringt. In Stiege wechselt der Triebwagen die Fahrtrichtung, passiert das einsame Birkenmoor und rollt durch das Beretal abwärts zum Bahnhof Eisfelder Talmühle. Hier endet die Fahrt auf der Selketalbahn, und die Fahrgäste steigen in einen Dampfzug der Harzquerbahn um.

An der Spitze qualmt eine zugkräftige Neubaulok der Baureihe 99 aus den 1950er-Jahren. Über Sorge und Elend geht es durch dichten Wald nach Drei Annen Hohne auf 543 Metern. Im Bahnhof setzt die Lok ans andere Zugende um und biegt auf die Brockenbahn ab. Jetzt geht es steil bergauf! Nach und nach lichten sich die Bäume, ehe der Zug kurz vor dem Gipfel die Waldgrenze passiert. In einem weiten Bogen wird die Kuppe des Brocken umrundet, dann läuft der Zug in den

Brockenbahnhof ein. Vom Gipfel hat man bei klarer Sicht einen atemberaubenden Rundumblick über den Harz. Mit etwas Glück sind nicht nur die Türme des 80 Kilometer entfernten Magdeburger Doms, sondern auch der Großen Inselsberg im Thüringer Wald auszumachen. Der Brockengarten lädt mit Pflanzen aus Hochgebirgsregionen zu einem Besuch ein, anschließend kann man sich beim Brockenwirt mit einer deftigen Erbsensuppe stärken (www.harzinfo.de).

Weiter geht es mit dem Zug, der jetzt nur noch bergab rollt, zunächst zurück nach Drei Annen Hohne, dann auf der Harzquerbahn nach Wernigerode. Hier endet die Strecke auf nur noch 234 Metern Höhe. Wer mehr über die Dampfrösser erfahren möchte, kann in der modernen HSB-Dampflokwerkstatt vorbeischauen und von einer Empore aus den Mitarbeitern bei der Arbeit an den Maschinen zusehen (www.hsb-wr.de).

Fazit: Tiefe Täler, hohe Höhen, atemberaubende Ausblicke – der Harz ist herrlich!

Hin & weg: Quedlinburg ist mit Nahverkehrszügen aus Magdeburg und Halle (Saale) zu erreichen. Hier fährt die Harzer Schmalspurbahnen GmbH (HSB) durch das Selketal zum Brocken ab.

Beste Reisezeit: ganzjährig

Dauer & Strecke: 1–2 Tage. Die Fahrtzeit auf der 111 km langen Strecke Quedlinburg–Brocken–Wernigerode beträgt 5 Std. und 39 Min. Die Züge fahren mehrmals täglich.

Tickets & Tarife: Die HSB haben ein eigenes Tarifystem. Das Deutschlandticket gilt auf allen Strecken mit Ausnahme der Brockenbahn ab/bis Drei Annen Hohne.

Wenn es Nacht wird: Das Brockenhotel auf dem Gipfel ist das höchstgelegene Hotel Norddeutschlands. Bei gutem Wetter kann man aus den Zimmerfenstern 160 km weit sehen (www.brockenhotel.de).

Oasen für Kreative

Ein kleiner Triebwagen verknüpft auf seinem Weg durch die Elbauen mit dem Bauhaus Dessau und dem Dessau-Wörlitzer Gartenreich zwei großartige UNESCO-Welterbestätten. Unterwegs lohnt ein Aufenthalt in Oranienbaum, der wunderbaren barocken Planstadt.

#KulturToGo #Gropiusbauten #Orangenbaum #Libellen

Das Gleis 1 im Dessauer Hauptbahnhof hat einen ungewöhnlich kurzen Bahnsteig. Aber hier fahren ja auch nur die kleinen Schienenbusse der Dessau-Wörlitzer Eisenbahn (DWE) ab. Bei der Deutschen Bahn waren die Ende der 1990er-Jahre gebauten Leichttriebwagen überflüssig, bei der DWE sind sie ganz in ihrem Element. Sie hüpfen fröhlich über die Gleise, bieten genügend Platz für Fahrräder und Kinderwagen - sowie herrliche Panoramasichten.

Wer vor der Abfahrt in Dessau noch etwas Zeit hat, kann sich das Bauhausgebäude sowie die Meisterhäuser ansehen, mit denen Walter Gropius Mitte der 1920er-Jahre die Architektur neu definierte und die heute zum UNESCO-Weltkulturerbe gehören (www.bauhaus-dessau.de).

Der Triebwagen schleicht aus dem Dessauer Hauptbahnhof, schaukelt gemächlich durch blühende Schrebergärten, überquert auf einer langen Stahlbrücke die Mulde und nimmt Fahrt auf. Die Strecke führt fast schnurgerade durch die Felder. Am Haltepunkt Dessau-Adria wird gestoppt. Adria heißt das kleine Strandbad in der Nähe, dessen türkisblaues Wasser zu einer Abkühlung einlädt (www.visitdessau.com). Auf der Weiterfahrt taucht der Zug in die dichten Mischwälder der Elbauen ein. Nur bei Bedarf wird am Bahnhof Biosphärenreservat gehalten, der nahe des Auenhauses liegt, in dem die Lebensräume der Flusslandschaft Mittelelbe vorgestellt werden (www.mittelelbe.com).

Das grandiose Dessau-Wörlitzer Gartenreich umfasst neben den gut geplanten Landschaftsparks in Dessau, Oranienburg und Wörlitz einige schmucke Schlösser.

Nach einer halben Stunde Fahrt ist Oranienbaum erreicht. Die Stadt verdankt ihren Glanz der niederländischen Prinzessin Henriette Catharina von Oranien-Nassau. Nach ihrer Hochzeit mit dem Fürsten von Anhalt-Dessau ließ sie ab 1660 das damals Nischwitz genannte Dorf mit einem symmetrisch angelegten Stadtkern, dem barocken Schloss und einem prächtigen Park ausbauen. Auch ein Orangenbäumchen, das Symbol der Oranier, wurde nicht vergessen - es steht auf dem Marktplatz (www.oranienbaum-woerlitz.de).

Schon vor der Ankunft kündigt der weithin sichtbare Turm der Wörlitzer Sankt-Petri-Kirche das Ende der Zugfahrt an. Vom Bahnhof ist es nur ein kurzer Fußweg bis in den Wörlitzer Park. Der zwischen 1765 und 1800 geschaffene Landschaftsgarten zählt zu den ersten im englischen Stil auf dem europäischen Festland. Er erstreckt sich an einem Seitenarm der Elbe und auf mehrere Inseln, die durch Brücken und kleine Fähren miteinander verbunden sind. Mittelpunkt ist das klassizistische Schloss, das auch besichtigt werden kann. Faszinierend sind die zahlreichen Sichtachsen, die sich beim Spaziergang durch das riesige Gartenreich öffnen. Daneben gibt es viele historische Bauten zu entdecken, darunter die Synagoge, das Gotische Haus, der Venustempel und das Nymphaeum am Weinberg. Die Wörlitzer Anlagen stehen wie die in Oranienbaum auf der Liste des UNESCO-Welterbes (www.gartenreich.de).

FAZIT: STRENGE ARCHITEKTUR, HEITERE GÄRTEN – HIER GIBT ES VIEL ZU SEHEN!

Hin & weg: Der Dessauer Hauptbahnhof ist mit Nah- und Fernverkehrszügen aus Berlin, Leipzig und Magdeburg zu erreichen. Hier fährt die Dessau-Wörlitzer Eisenbahn (DWE) nach Wörlitz ab.

Beste Reisezeit: Die DWE ist von Anfang April bis Ende Oktober täglich unterwegs.

Dauer & Strecke: 1–2 Tage. Die Fahrtzeit auf der 19 km langen Strecke von Dessau nach Wörlitz beträgt 40 Min. Die DWE fährt vier- bis sechsmal täglich.

Tickets & Tarife: Bei der DWE gilt das Deutschlandticket. Einzelfahrscheine können im Zug zum Haustarif erworben werden.

Wenn es Nacht wird: Der traditionsreiche Wörlitzer Gasthof Zum Hauenden Schwein erweist sich als gemütliche Pension. Und im Biergarten kann man den Sommertag unter einem grünen Blätterdach ausklingen lassen (www.zumhauendenschwein.de).

OF ALL

STADT, LAND, FLUSS

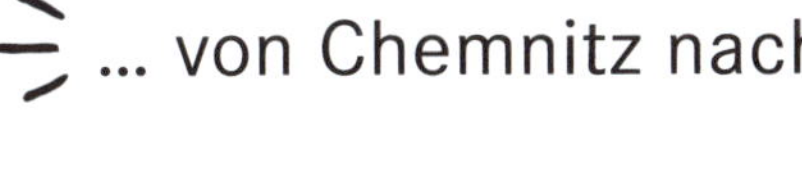

… von Chemnitz nach Aue (Sachsen)

#34

In der Stadtmitte einsteigen, auf dem Land wieder aussteigen – das klappt mit der City-Bahn Chemnitz, die umsteigefrei ins Erzgebirge nach Aue (Sachsen) rollt. Da die City-Bahn stündlich fährt, kann man problemlos Zwischenstopps in Thalheim und Zwönitz einlegen.

#Glückauf #Wismutbergbau #KulturhauptstadtEuropas #KarlMarx

Der Rote Turm ist das Wahrzeichen von Chemnitz, der Kulturhauptstadt Europas 2025. Der Ende des 12. Jahrhunderts errichtete Bergfried steht heute frei zwischen einem nach ihm benannten Shoppingcenter und dem Stadthallenpark. Gegenüber davon grüßt das Karl-Marx-Monument, eine riesige Büste des Philosophen. Die Straßenbahn rollt zu Füßen des Turms. Die Stadt hat neben der normalen Tram eine sogenannte Regionalstadtbahn, die City-Bahn Chemnitz. Diese fährt direkt von der Innenstadt in die Region und erspart damit vielen Fahrgästen das Umsteigen am Hauptbahnhof. Eingesetzt werden Mehrsystemzüge, die in der Stadt elektrisch unter der Oberleitung fahren und auf den Eisenbahnstrecken in den Dieselmodus umschalten. Die Linie C 13, die von Chemnitz nach Aue fährt, hält auch am Roten Turm.

Einsteigen! Zunächst geht es mit der in Weiß, Grün und Rot lackierten Mehrsystembahn zur Technischen Universität. Hier wird der Dieselmotor gestartet. Die City-Bahn schert aus dem Straßenbahnnetz aus und erreicht über ein neueres Verbindungsstück die Eisenbahnlinie nach Aue. Durch das schmale und waldreiche Zwönitztal geht es flussaufwärts. Hier ist das Tal noch dicht besiedelt, sodass die City-Bahn unterwegs oft hält. Immer wieder führt die Strecke direkt am Fluss entlang.

Nach einer Dreiviertelstunde bietet sich der Bahnhof Thalheim Mitte für einen kleinen Zwischenstopp an. Eine Spazierrunde führt zum hübschen Rathaus. Gegenüber lässt ein Glockenspiel am Haus des Juweliers Weißbach mehrmals täglich Erzgebirgsweisen erklingen. Die 1922 in die klassizistische evangeli-

Bevor es mit dem Zug ins Erzgebirge geht, gilt es Chemnitz zu entdecken - zwei historische Rathäuser am Marktplatz, Zeugnisse aus DDR-Zeiten, als es Karl-Marx-Stadt hieß, moderne Kunstsammlungen, neue Shoppingmalls und und und ...

sche Kirche eingebaute romantische Jehmlich-Orgel ist hingegen bei Gottesdiensten zu hören (www.thalheim-erzgeb.de).

Weiter geht es mit der City-Bahn, die in Zwönitz mit 548 Metern ihren höchsten Punkt und nächsten Zwischenstopp erreicht. Die Bahnhofstraße führt direkt zum Markt, auf dem eine Postmeilensäule von 1728 an die alte Poststraße zwischen Chemnitz und Schwarzenberg erinnert. Am Markt befindet sich auch das Hotel Roß mit Restaurant und Biergarten, angeblich das älteste Gasthaus Sachsens. Nur knapp einen Kilometer nördlich des Zentrums lohnt die Papiermühle Niederzwönitz, in der einst Büttenpapier geschöpft und die heute als Papiermuseum dient, einen Abstecher (www.zwoenitz.de).

Hinter Zwönitz wechselt die City-Bahn in das Lößnitztal und rollt in engen Kurven ins Tal der Zwickauer Mulde hinab. Die Fahrt endet auf 349 Meter Höhe im Bahnhof Aue (Sachsen). Über die Schillerbrücke geht es zu Fuß ins Zentrum, vorbei am Kulturhaus und am Auer Stadtmuseum zum Vestenburger Stolln mit Steigestube und Knappschaftssaal. Vor dem Gebäude erinnert eine Grubenbahn mit einer Doppellok an den Wismutbergbau (www.bergbauverein-aue.de). 200 Gruben durchlöchern seit dem 17. Jahrhundert den Heidelsberg. Zudem liegt die Bergarbeiterstadt Aue am Mulderadweg, der teilweise auf stillgelegten Bahntrassen verläuft.

Fazit: Mit der City-Bahn Chemnitz lässt sich das Erzgebirge ganz entspannt entdecken.

Hin & weg: Der Chemnitzer Hauptbahnhof ist mit Nah- und Fernverkehrszügen aus Leipzig und Dresden zu erreichen. Hier fährt die City-Bahn Chemnitz der Linie C 13 nach Aue (Sachsen) ab. Der Rote Turm steht etwa einen Kilometer vom Hauptbahnhof entfernt.

Beste Reisezeit: ganzjährig

Dauer & Strecke: 1 Tag. Die Fahrtzeit auf der 51 km langen Strecke von Chemnitz nach Aue beträgt 1 Stunde und 24 Minuten. Die City-Bahn fährt täglich mindestens im Stundentakt.

Tickets & Tarife: Es gelten der Tarif des Verkehrsverbunds Mittelsachsen (www.vms.de) und das Deutschlandticket.

99 1793-1
Unt. LWO
02.02.15 VV
V10.09.23

MIT DAMPF BERGAN

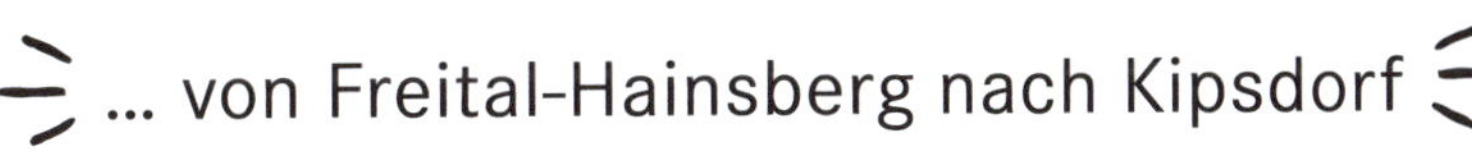

Südlich von Dresden erschließt die schmalspurige Weißeritztalbahn das waldreiche Osterzgebirge. Auf den ersten Kilometern geht es durch den Rabenauer Grund, der besonders an klaren Wintertagen zum Wandern einlädt.

Die 1883 eingeweihte Weißeritztalbahn von Freital-Hainsberg nach Kipsdorf ist Deutschlands älteste Schmalspurlinie im öffentlichen Betrieb. Die Gleise mit einer Spurweite von 750 Millimetern werden bis heute von Dampfzügen befahren, die auf der Reise zur Endstation 350 Höhenmeter bewältigen. Eingesetzt werden Dampflokomotiven der Baureihe 99, die in den 1920er- und 1950er-Jahren gebaut wurden, sowie liebevoll restaurierte Waggons mit offenen Plattformen und Holzbänken. An Wintertagen sorgen gußeiserne Öfen im Inneren für mollige Wärme.

Unter mächtigen Dampfwolken verlässt der kleine Zug den Bahnhof Freital-Hainsberg, unterquert die Hauptstrecke Dresden–Chemnitz und biegt in den schmalen Rabenauer Grund ein. Hier verläuft die Bahn unmittelbar an der Roten Weißeritz. Das dicht bewaldete Tal wirkt idyllisch, doch im August 2002 trat der Fluss nach heftigen Regenfällen über die Ufer, unterspülte die Gleise, riss Schotter, Brücken und Bahnhöfe mit sich. Der Wiederaufbau dauerte – erst seit 2017 fahren die Züge wieder bis Kipsdorf. Mit stärkeren Stützmauern und aufgeweiteten Brücken soll die Bahn einem Hochwasser künftig besser standhalten. Aber sind die Kräfte der Roten Weißeritz wirklich gezähmt?

Am Bahnhof Malter, der direkt an der gleichnamigen Talsperre liegt, hat der Zug den Rabenauer Grund hinter sich gelassen. Nun lohnt der Ausstieg. Im Sommer locken gleich mehrere Strandbäder und Cafés. Außerdem kann man auf einem zehn Kilometer langen Weg durch den Rabenauer Grund zurück nach

Freital-Hainsberg wandern, meist parallel zu den Gleisen – mit etwas Glück sieht man den nächtsten Zug bergauf schnaufen.

Die Fahrt des Zuges von Malter nach Dippoldiswalde dauert keine zehn Minuten. Hier gibt es einen längeren Stopp, damit die Dampflok nach der anstrengenden Bergfahrt ihre Wasservorräte auffüllen kann. Das Zugpersonal schwenkt den Wasserkran per Hand über die Tanköffnung der Lokomotive. Auf dem folgenden Streckenabschnitt prägen Felder und Wiesen das Bild, ehe die Bäume bei Schmiedeberg wieder dichter an die Strecke heranrücken. Fast mitten im Wald, 534 Meter hoch, liegt der Endbahnhof Kipsdorf. Für die Rückfahrt wird die Dampflok ans andere Zugende umgesetzt. Ein Hingucker ist das Empfangsgebäude mit der holzvertäfelten Halle. Auf dem Bahnhofsvorplatz beginnen mehrere Wanderwege, wie zum Walderlebniszentrum Bärenfels mit Arboretum und Lehrpfaden.

Zauberhafte Winterlandschaften, verschneite Gleise und dampfende Lokomotiven verheißen ein Abenteuer, wecken Erinnerungen an Anna Karenina oder den Orientexpress, auch wenn's nur das Weißeritztal ist.

FAZIT: DIE DAMPFLOKS ZEIGEN, WIEVIEL KRAFT IN IHNEN STECKT. AUFREGEND!

Hin & weg: Freital-Hainsberg liegt an der Strecke Dresden-Chemnitz und ist mit der S-Bahn (S 3) und der Regionalbahn (RB 30) zu erreichen. Hier fahren die Dampfzüge der Weißeritztalbahn ab.

Beste Reisezeit: Zugfahrt und Wanderung haben besonders im Winter ihren Charme.

Dauer & Strecke: 1 Tag. Die Fahrt auf der 26 km langen Strecke dauert knapp eineinhalb Stunden. Täglich fahren zwei Zugpaare zwischen Freital-Hainsberg und Kipsdorf, hinzu kommt ein abendliches Zugpaar nach/von Dippoldiswalde.

Tickets & Tarife: Die Weißeritztalbahn hat ein eigenes Tarifsystem. Das Deutschlandticket wird akzeptiert, allerdings muss ein Historikzuschlag bezahlt werden (www.weisseritztalbahn.com)

IN LUFTIGE HÖHEN

... vom Körnerplatz zum Weißen Hirsch

Eine 547 Meter lange Standseilbahn erschließt das Dresdner Villenviertel Loschwitz, das im Osten der Stadt auf einem Hang über der Elbe liegt. Oben lockt neben einer herrlichen Aussicht ein Stückchen Eierschecke.

#Schwingungsbremsen #Weinberghäuser #Konditorwaren

Ein paar Gehminuten und viele Höhemeter mit der Standseilbahn führen ins Villenviertel Weißer Hirsch und zu den leckeren Eierschecken, der süßen Dresdener Spezialität.

Die Talstation der Standseilbahn am Körnerplatz ist leicht zu erreichen, wenn man vom Dresdner Hauptbahnhof etwa 400 Meter Richtung Stadtmitte zur Haltestelle Prager Straße spaziert. Hier nimmt man die Straßenbahn der Linie 12 bis zur Haltestelle Schillerplatz in Blasewitz. Von dort sind es nur wenige Gehminuten zur Standseilbahn. Zu Fuß geht es über die Loschwitzer Brücke, die seit 1893 die Stadtteile Blasewitz und Loschwitz am linken und rechten Elbufer verbindet. Die 280 Meter lange Hängebrücke ist heute – aufgrund ihres markanten Anstrichs – als „Blaues Wunder“ bekannt.

Die elektrisch angetriebene Standseilbahn aus dem Jahr 1895 überwindet auf ihrer 547 Meter langen Strecke knapp 100 Höhenmeter. Zwei Wagen sind durch ein Seil miteinander verbunden, das in der oberen Station umgelenkt und angetrieben wird. Während der eine Wagen nach oben fährt, rollt der andere nach unten. In der Streckenmitte gibt es eine Ausweichstelle, an der die beiden Fahrzeuge einander passieren können.

Mit einem kleinen Ruck setzt sich der Wagen in der Talstation in Bewegung und biegt gleich in den 96 Meter langen Burgbergtunnel ein, danach geht es über einen 102 Meter langen Viadukt. Kurz vor der oberen Station rumpelt der Wagen noch durch den 54 Meter langen Prinzeß-Louisa-Tunnel, dann ist der Weiße Hirsch erreicht – der Name erinnert an eine Schänke, die sich früher hier befand.

Gegenüber der oberen Station steht das Restaurant und Hotel Lusienhof, das zeitgleich mit der Standseilbahn eröffnet wurde. Das

Viel Grün umwuchert die Gleise der Standseilbahn und die eleganten Villen oben in Loschwitz, da ist auch mal Platz für eine Sternwarte im Garten. Also nach Fahrt, Kaffee und Eierschecke unbedingt spazieren gehen.

villenartige Gebäude hat eine große Außenterrasse, die einen herrlichen Blick über das Elbtal und Dresden bietet. Leckermäulchen können sich die Aussicht mit der „Sächsischen Dessertkomposition" versüßen, einer Kalorienbombe mit Kaltem Hund, Eierschecke, Quarkkeulchen und Eierlikör (www.luisenhof-in-dresden.de).

Hin & weg: Die Standseilbahn ist mit der Straßenbahnlinie 12 (Haltestelle Blasewitz, Schillerplatz) der Dresdner Verkehrsbetriebe (DVB) zu erreichen.

Beste Reisezeit: Frühjahr bis Herbst

Dauer & Strecke: 1 Tag. Die Fahrtzeit auf der 547 m langen Standseilbahn beträgt 5 Min. Gefahren wird im 15-Minuten-Takt.

Tickets & Tarife: Die Standseilbahn hat ein eigenes Tarifsystem.

Vor der Rückfahrt lohnt sich noch ein kleiner Bummel durch das historische Villenviertel Weißer Hirsch. Besonders auffällig sind die Villa San Remo, ein extravaganter Neorenaissancebau mit hohem Turm, die kugelige Sternwarte im Garten des ehemaligen Forschungsinstituts Manfred von Ardenne (www.sternwarte-dresden.de) sowie die Villa Eschebach im Schweizerstil.

Tipp: Wer nicht mit der Standseilbahn zurückfahren möchte, spaziert über die Plattleite zur gleichnamigen Tramstation. Die Linie 11 fährt zur Prager Straße und zum Hauptbahnhof.

Fazit: Nette Nachmittagsrunde mit einem Schuss Alpenflair.

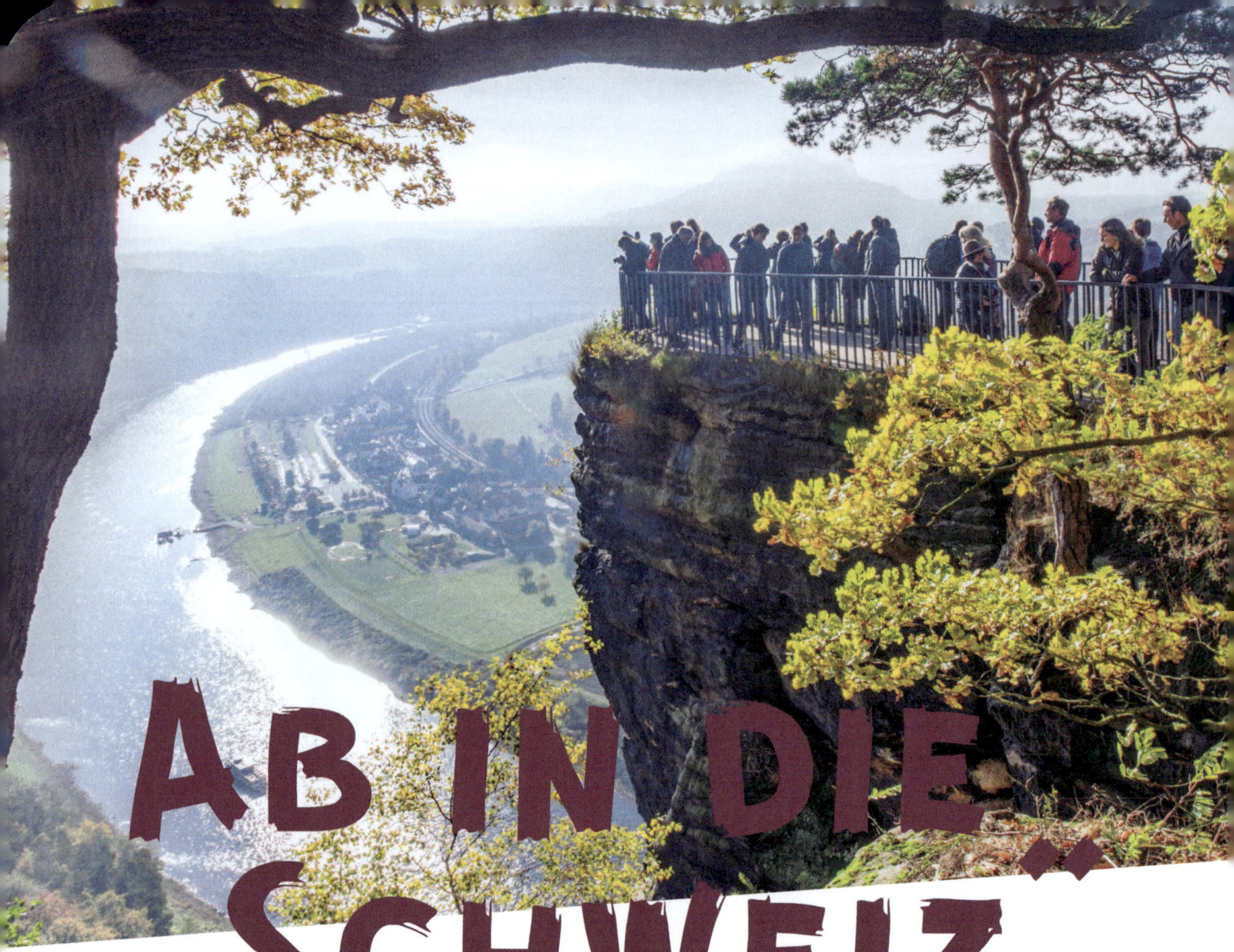

AB IN DIE „SCHWEIZ"

... von Dresden Hbf nach Bad Schandau

#37

Vom wunderschönen Dresdner Hauptbahnhof ist es mit der S-Bahn nur ein Katzensprung ins Elbsandsteingebirge. In der sogenannten Sächsischen Schweiz können geübte Wanderer die berühmte Bastei erklimmen.

#Elbflorenz #Malerweg #Längerbleiben #Canalettoblicke

→ IM HERZEN …

Eine wahre Kathedrale aus den Boomjahren der Eisenbahn ist der Bahnhof von Dresden.

Üppige Rundungen haben in Dresden Tradition – das ist nicht nur an der barocken Frauenkirche zu erkennen, sondern auch am Dresdner Hauptbahnhof, einer Kathedrale der Eisenbahn. Die Empfangshalle des nach fünfjähriger Bauzeit 1898 eröffneten Bahnhofs zeichnet sich durch hohe Steinbögen und eine majestätische Lichtkuppel aus, die das Innere erstrahlen lässt. Über den 16 Bahnsteiggleisen erheben sich drei kühn geschwungene Hallen, unter denen die ein- und ausfahrenden Züge ganz klein aussehen.

Die Linie S 1 von Dresden nach Bad Schandau verläuft am linken Elbufer. Wer den Fluss im Blick haben möchte, sollte sich also einen Platz auf der in Fahrtrichtung linken Seite suchen. Die S-Bahn schlängelt sich aus dem Bahnhof heraus, beschleunigt und eilt durch die östlichen Vororte. Hinter Heidenau kommt

Elbe und Elbsandsteingebirge gehören zu den beliebtesten Natur- und Kulturlandschaften in Deutschland – einst erwanderten die Romantiker die Sächsische Schweiz, heute kommen Ausflügler aus Dresden per S-Bahn hierher.

die Elbe in Sicht, der die Gleise bis zur Endstation folgen. Kurz darauf hält der Zug in Pirna. Die Altstadt verführt mit Renaissancerathaus sowie spätgotischer Marienkirche zu einem Besuch. Die hohe Hallenkirche bezaubert mit elegantem Netzgewölbe im Hauptschiff, Sterngewölbe in den Seitenschiffen und Fischblasengewölbe im Chor.

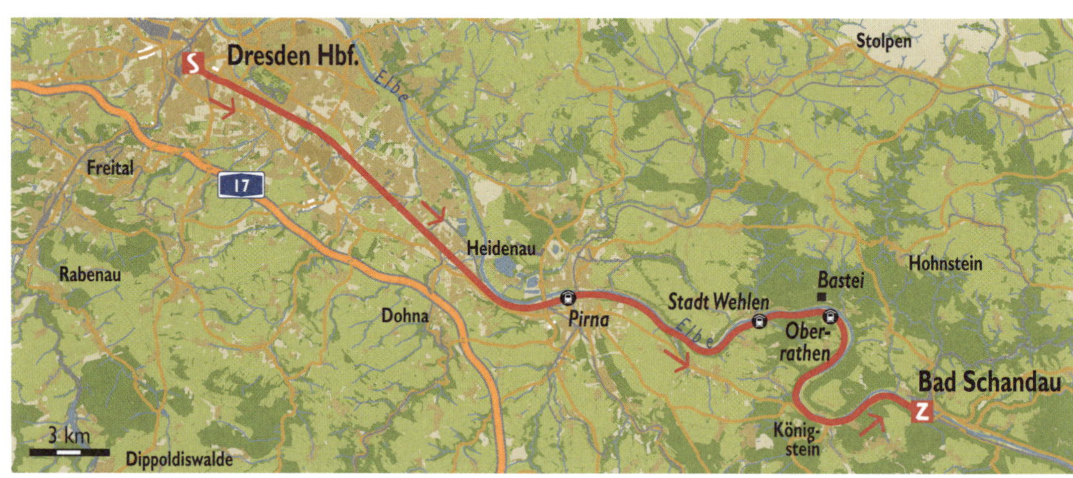

Hinter Pirna wird das eben noch weite Elbtal abrupt enger. Auf beiden Seiten des Flusses erheben sich nun dicht bewaldete Hänge, hin und wieder ragen bizarre Felsformationen empor – die S-Bahn hat das ebenso schroffe wie pittoreske Elbsandsteingebirge erreicht, das sich bis nach Tschechien erstreckt. Hinter der Stadt Wehlen erhebt sich auf dem gegenüberliegenden Ufer die markante Bastei, ein steiles und bis zu 190 Meter hohes Felsmassiv. Wenig später hält der Zug im Kurort Rathen. Mit einer kleinen Fähre geht es ans rechte Flussufer, von dem ein zwei Kilometer langer Wanderweg hinauf zur Bastei führt. Die Anstrengung lohnt sich, denn von der Aussichtsplattform genießt man einen atemberaubenden Blick auf die Elbe und über die Sächsische Schweiz. Ein Panorama-Biergarten lädt mit deftigen und süßen Speisen zur Verschnaufpause ein (www.berghotel-bastei.de). Wer nicht denselben Weg zurück nehmen möchte, kann Richtung Wehlen hinunterwandern. Auch hier pendelt eine Fähre zwischen den beiden Elbufern, zum Bahnhof sind es nur ein wenige Gehminuten.

Von Wehlen – oder Rathen – geht es mit der S-Bahn kurvenreich weiter bis zur Endstation in Bad Schandau. Eine Fähre verbindet den Bahnhof links der Elbe und die beschauliche Kleinstadt mit der barocken Johanniskirche am rechten Elbufer. Einen Abstecher wert ist der 1904 erbaute Personenaufzug in den Stadtteil Ostrau. Die Kabine gleitet in einem rund 50 Meter hohen Stahlfachwerkturm nach oben – zur nächsten schönen Aussicht über Stadt, Tal und Fluss. Am Kurpark nahe des Stadtzentrums startet die Kirnitzschtalbahn, eine meterspurige Überlandtram, zum Lichtenhainer Wasserfall. Eingesetzt werden historische Wagen der Bauart Gotha, die im 30-Minuten-Takt fahren.

Fazit: Ein erlebnisreicher Tag im Elbsandsteingebirge mit herrlichen An- und Aussichten!

Hin & weg: Der Dresdner Hauptbahnhof ist mit Nah- und Fernverkehrszügen aus Berlin, Leipzig und Chemnitz zu erreichen. Hier fährt S-Bahn-Linie S 1 nach Bad Schandau ab.

Beste Reisezeit: Frühjahr bis Herbst

Dauer & Strecke: 1 Tag. Die Fahrtzeit auf der 40 km langen Strecke der S 1 von Dresden Hbf nach Bad Schandau beträgt 45 Min. Die S-Bahn fährt halbstündlich.

Tickets & Tarife: In der S 1 und in der Kirnitzschtalbahn gilt neben dem Tarif des Verkehrsverbunds Oberelbe (VVO) auch das Deutschlandticket.

AUSZEIT. ABENTEUER. LEBENSFREUDE.

Die S-Bahn von Freiburg nach Seebrugg hat das schmale Höllental hinter sich gelassen und gleitet nun über den 36 Meter hohen Ravenna-Viadukt.

3. KAPITEL IM SÜDEN

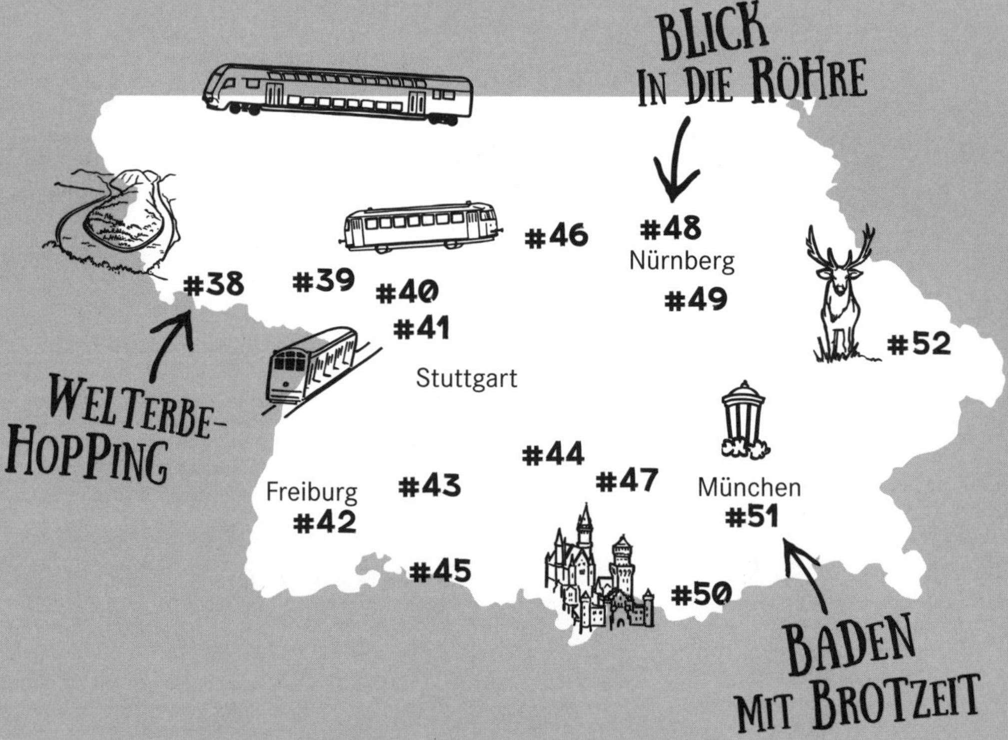

Bahnen und Berge

Durch enge Schluchten und Täler, am Stahlseil oder per Zahnstange geht es hinauf in den Schwarzwald, auf die Schwäbische Alb, auf Deutschlands höchsten Berg und in den Bayerischen Wald – beste Aussichten inklusive!

WELTERBE-HOPPING

… von Saarbrücken nach Trier

#38

Der Südwest-Express (SÜWEX) verbindet bei der Fahrt saarabwärts zwei unterschiedliche UNESCO-Welterbestätten miteinander – die Völklinger Hütte und die Porta Nigra in Trier. In Saarburg lohnt ein Aufstieg zur gleichnamigen Burg, um den herrlichen Blick ins Saartal zu genießen.

99 Kurven hat die Eisenbahnlinie von Saarbrücken nach Trier. Gefühlt sind es noch ein paar mehr, denn die 1860 eröffnete Strecke folgt der Saar in dichtem Abstand und lässt kaum eine Schleife aus. Die Gleise verlaufen durchgehend am rechten Flussufer – wer die Saar im Blick behalten möchte, sollte also in Fahrtrichtung links am Fenster sitzen. Zwischen beiden Städten pendelt der moderne Südwest-Express (SÜWEX) von DB Regio.

In flottem Tempo geht es von Saarbrücken nach Völklingen, dem ersten Zwischenstopp. Unmittelbar neben dem Bahnhof ragen die hohen Schlote und rostigen Hochöfen der Völklinger Hütte empor. Das riesige Areal des aufgelassenen Eisenwerks, das inzwischen zum UNESCO-Welterbe gehört, lässt sich auf eigene Faust oder im Rahmen einer ein- bis zweistündigen Führung erkunden. Teile des Geländes hat sich die Natur zurückerobert, was zum faszinierenden Lost-Place-Charakter der Anlage beiträgt. Abends lässt eine farbenfrohe Lichtinstallation das Industriedenkmal erstrahlen (www.voelklinger-huette.org).

Mit dem SÜWEX geht es weiter saarabwärts. Kurz hinter Saarlouis führen die Gleise durch das Areal der aktiven Dillinger Hütte, in deren Hochöfen jährlich etwa vier Millionen Tonnen Roheisen produziert werden. Auf den folgenden Kilometern ändert sich das Bild des Saartals abrupt. Die Schwerindustrie weicht zurück, bewaldete Hügel und kleine Dörfer rücken an den Fluss heran. Der Zug wird merklich langsamer, da sich die Saar nun in vielen Schleifen ihren Weg durch die Landschaft sucht. Hinter Besseringen kürzt der SÜWEX den Weg durch den 1,2 Kilometer langen Mettlacher Tunnel ab. Nun ragen schroffe Felsen über der Strecke auf, im engen Saartal ist gerade noch Platz für die Schienen, den Fluss und die Bundesstraße.

Nach knapp 50 Minuten Fahrt ist Saarburg erreicht. Vom Bahnhof aus sind es nur ein

Über Saarburg geht es nach Trier – hier zeugt die Porta Nigra von der römischen Vergangenheit der Stadt.

paar Gehminuten über die Alte Brücke bis in die verwinkelte Altstadt. Direkt am Buttermarkt ergießt sich die Leuk in einem kleinen Wasserfall in die Saar. Der steile Fußweg hinauf zur Saarburg lohnt sich gleich doppelt, denn vom Turm und mehreren Aussichtsplattformen hat man herrliche Panoramablicke ins Saartal – und auf der Terrasse des Burgrestaurants kann man sich mit italienischen Spezialitäten und edlen Saarweinen verwöhnen lassen (www.burgrestaurant-vincenzo.de).

Von Saarburg nach Trier braucht der SÜWEX nur 18 Minuten. Wenige hundert Meter vom Hauptbahnhof entfernt erhebt sich die um 170 n Chr. erbaute, aber nie vollendete Porta Nigra, das schwarze Tor. Das besterhaltene römische Stadttor in Deutschland gehört zum UNESCO-Weltkulturerbe in Trier – zusammen mit den Ruinen der Kaiserthermen und dem Dom, dem größten Kirchengebäude der Stadt. Vor seinem Portal ruht der Domstein, ein Granitriese, der bei Kindern als Rutschbahn beliebt und deswegen schon ganz glattgeschliffen ist.

FAZIT: ENTLANG DER SAAR VOM STAHLWERK ZUR PORTA NIGRA – SPANNEND!

Hin & weg: Der Saarbrücker Hauptbahnhof ist mit Nah- und Fernverkehrszügen aus Mannheim und Koblenz zu erreichen. Hier fährt der SÜWEX (RE 1) nach Trier ab.

Beste Reisezeit: ganzjährig

Dauer & Strecke: 1 Tag. Die Fahrtzeit auf der 88 km langen Strecke von Saarbrücken nach Trier beträgt 1 Std. und 8 Min. Der RE 1 fährt täglich im Stundentakt.

Tickets & Tarife: Gültig sind der Deutschlandtarif und das Deutschlandticket.

Wenn es Nacht wird: Direkt neben dem kleinen Wasserfall in Saarburg liegt das gemütliche Hotel Zunftstube (www.restaurant-zunftstube.de).

Haardt aber herrlich

Mit der Rhein-Haardtbahn ist es nur einen Katzensprung nach Bad Dürkheim. Hier kann man entspannt durch den Kurpark bummeln oder zu einer Wanderung in die Haardt aufbrechen. Krönen lässt sich die Eskapade mit dem Besuch in einem besonderen Café.

Straßenbahnen fahren nicht nur in der Stadt, sondern erschließen auch die Region. Im Rhein-Neckar-Gebiet gibt es gleich mehrere Überlandlinien, darunter die Rhein-Haardtbahn von Mannheim nach Bad Dürkheim. Diese Strecke bedient die Eisenbahn nicht, sodass die Mannheimer am einfachsten und schnellsten mit der Linie 9 ins Grüne kommen (und die Dürkheimer umgekehrt in die Stadt). Die meterspurige Rhein-Haardtbahn wurde 1913 als eigenständiges Unternehmen eröffnet. Heute gehört sie zur Rhein-Neckar-Verkehr GmbH (rnv), die den Straßenbahn- und Busverkehr in Mannheim, Ludwigshafen und Heidelberg betreibt.

Die Linie 9 startet in Mannheim auf dem Bahnhofsvorplatz, passiert das imposante Barockschloss, an dem die „Quadratestadt" ausgerichtet ist, und quert auf der 274 Meter langen Konrad-Adenauer-Brücke den Rhein. Das mächtige Bauwerk aus drei parallel verlaufenden Brücken trägt neben den Straßenbahnschienen auch noch vier Eisenbahngleise und vier Autospuren.

Auf der anderen Rheinseite biegt die Straßenbahn in die Ludwigshafener Innenstadt ein – und wird wenig später zur U-Bahn. Die Haltestelle Ludwigshafen Hbf liegt in einem Tunnel. Auf und neben der Straße geht es durch den Stadtteil Oggersheim, wo die Strecke nach Westen schwenkt und kurz darauf die Stadtgrenze erreicht. Mit bis zu 80 Kilometern pro Stunde geht es zunächst durch flache Felder, die wenige Kilometer weiter in eine sanfte Hügellandschaft mit Weinreben übergehen. Schon kommt die Haardt in Sicht, ein Mittelgebirgszug am Ostrand des Pfälzer Waldes. Nach Stopps in Maxdorf und Ellerstadt, das langsam auf der Straße durchfahren wird, rollt die Straßenbahn in Bad Dürkheim ein und endet auf dem Bahnhofsvorplatz.

Von der Endhaltestelle sind es nur wenige Schritte in die kopfsteingepflasterte Altstadt mit der frühgotischen Schlosskirche, deren schlanker Turm 70 Meter hoch in den Himmel ragt. Einen Abstecher wert ist der dreieckige Römerplatz, auf dem ein schlichter Brunnen plätschert. Östlich der Altstadt erstreckt sich der weitläufige Kurpark. Beim Spaziergang entlang der Saline kann man die leichte „Meeresbrise" genießen. Am Rand des Parks residiert das Café Pompöös, dessen prunkvolles Interieur – ein funkelnder Farbenrausch

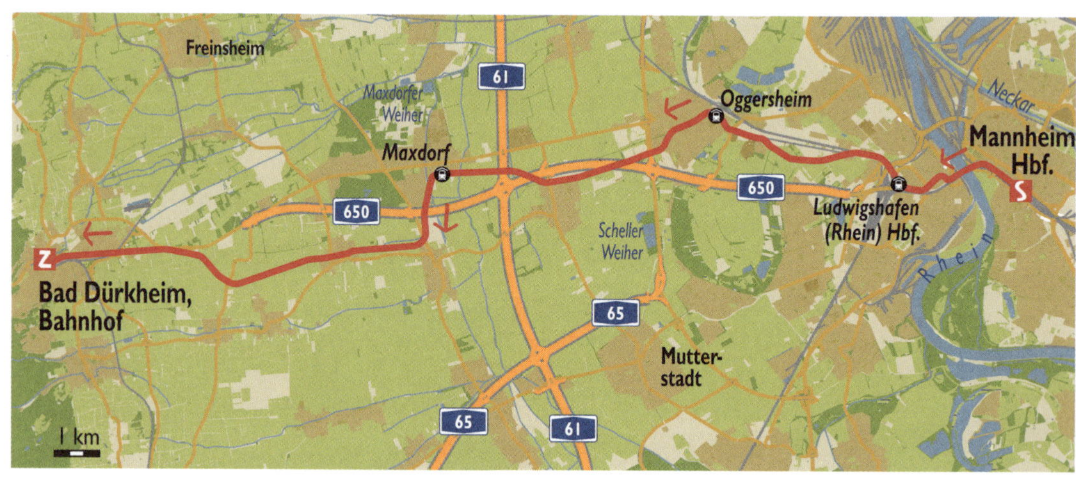

Kurgäste denken bei Bad Dürkheim an die Saline und Kaffee, auch an den Kaffeemühlchen genannten Flaggenturm.

in Gold und Rot – von Modedesigner Harald Glööckler höchstpersönlich entworfen wurde (www.cafepompoeoes.com).

Hin & weg: Der Mannheimer Hauptbahnhof ist mit Nah- und Fernverkehrszügen aus allen Himmelsrichtungen zu erreichen. Hier fährt die Straßenbahn-Linie 9 der Rhein-Neckar-Verkehr GmbH (rnv) nach Bad Dürkheim ab.

Beste Reisezeit: Frühjahr bis Herbst

Dauer & Strecke: 1 Tag. Die Fahrtzeit auf der 23 km langen Strecke von Mannheim Hbf nach Bad Dürkheim beträgt 46 Min. Die Linie 9 fährt montags bis freitags alle 20 Min., an Wochenenden alle 30 Min.

Tickets & Tarife: Gültig sind der Tarif des Verkehrsverbunds Rhein-Neckar (VRN) und das Deutschlandticket.

Von Bad Dürkheim sind aber auch viele Ausflüge in die Umgebung möglich. Wanderer und E-Biker kommen in der Haardt auf ihre Kosten. Von Bad Dürkheim führen gut ausgeschilderte Wege zu diversen Aussichtspunkten und Sehenswürdigkeiten, wie zur Klosterruine Limburg und der mächtigen Schloss- und Festungsruine Hardenburg (www.burgenlandschaft-pfalz.de). Leichter zu erreichen ist der südwestlich von Bad Dürkheim auf einer Anhöhe stehende Flaggenturm, von dem man eine schöne Aussicht über die Oberrheinische Tiefebene hat.

Fazit: Ein schööner Ausflug mit leichter Meeresbrise!

BERG ROYALE

Seit 1907 kann der Heidelberger Hausberg auch auf Schienen erklommen werden. Die Fahrgäste werden mit einer spektakulären Aussicht belohnt.

#NeckarRomantik #Lieblingsziel #CityofLiterature

Die Heidelberger Bergbahnen haben eine lange Geschichte – die Königstuhlbahn fährt noch mit historischen Wagen – und garantieren fantastische Aussichten.

In Heidelberg bekommt man zwei Bergbahnen zum Preis von einer – zumindest hinauf zum Königstuhl, dem 570 Meter hohen Hausberg der Stadt. Die 1890 eingeweihte Molkenkurbahn fährt vom Kornmarkt in der Altstadt vorbei am Heidelberger Schloss zur Molkenkur. An der ehemaligen Kuranlage steigt man in die 1907 eröffnete Königstuhlbahn um, die bis zur 550 Meter hoch gelegenen Bergstation führt. Beide Bahnen zusammen sind 1,5 Kilometer lang und bewältigen einen Höhenunterschied von 433 Metern. Fahrscheine für die die gesamte Strecke sind in der Talstation der Molkenkurbahn am Kornmarkt erhältlich – auch in Kombination mit einem Ticket für den Schlossbesuch.

Es gibt wohl keine schönere und weltweit bekanntere Schlossruine als die des Heidelberger Schlosses.

Nach einem Warnton schließen sich die Türen der Molkenkurbahn in der Tunnelstation am Kornmarkt. Das hochmoderne Fahrzeug setzt sich in Bewegung. Zwei Minuten später ist die Haltestelle Schloss erreicht. Wer die beeindruckende Ruine besichtigen möchte, muss hier aussteigen. Die Kurfürsten von der Pfalz ließen die Burg aus dem 13. Jahrhundert zur prachtvollen Residenz ausbauen und gaben diese erst auf, als sie nach dem Pfälzischen Erbfolgekrieg und einem Brand Ende des 18. Jahrhunderts weitgehend in Trümmern lag. Der auf Terassen angelegte Schlossgarten bezaubert mit schönen Aussichten auf den Fluss und über die Dächer der Altstadt (www.schloss-heidelberg.de).

Weiter geht's bergauf. Die Fahrt vom Schloss bis zur Haltestelle Molkenkur dauert auch nur zwei Minuten, verläuft aber oberirdisch, sodass man aus den Fenstern ins Tal blicken kann. In Molkenkur wechselt man nicht nur von einer Bahn zur anderen, sondern auch zwischen zwei Epochen. Denn anders als bei der modernisierten Molkenkurbahn, stammen die Fahrzeuge der Königstuhlbahn noch aus dem Jahr ihrer Eröffnung, 1907. Der mit

Kinder und Studierende amüsieren sich gern in der Natur am Königstuhl und in der quirligen Heidelberger Altstadt.

einem Holzaufbau versehene Wagen nimmt knarzend Fahrt auf, rumpelt den bewaldeten Hang empor und kommt nach neun Minuten in der Bergstation zum Stehen.

Vom Bahnsteig sind es nur ein paar Meter zum Aussichtspunkt, der bei gutem Wetter einen spektakulären Blick über Heidelberg, den Odenwald und die Oberrheinische Tiefebene eröffnet. Auf einem zwei Kilometer langen Erlebnispfad können kleine (und natürlich auch große) Kinder den Wald erkunden. Für mehr Action sorgt das Märchenparadies, ein fröhlicher Freizeitpark, mit Drachenfahrt, Hexenritt, Kletterburg (www.maerchenparadies.de). Wer gut zu Fuß ist oder die letzte Talfahrt verpasst, nimmt bergab die „Himmelsleiter" – eine Treppe aus grob behauenen Sandsteinen mit zirka 1600 Stufen.

Hin & weg: Die Talstation der Heidelberger Bergbahnen liegt 750 Meter von der S-Bahn-Haltestelle Heidelberg-Altstadt entfernt. Dort hält die S 1 Mannheim-Heidelberg-Osterburken.

Beste Reisezeit: Frühjahr bis Herbst

Dauer & Strecke: 1 Tag. Die Fahrtzeit auf der 1,5 km langen Strecke von der Bergstation hinauf zum Königstuhl beträgt 18 Min. Die Bergbahnen fahren täglich alle 10 bis 20 Min.

Tickets & Tarife: Die Bergbahnen haben ein eigenes Tarifsystem.

Tipp: In der Altstadt kann man sich vom Bergausflug bei Kaffee und Kuchen erholen, zum Beispiel im Café Schafheutle, dessen süßes Herz seit 1832 in der Hauptstraße 94 schlägt (www.cafe-schafheutle.de).

Fazit: Am und vom Königstuhl gibt es viel zu sehen!

52 Sitzplätze
38 Stehplätze
km/h
Roter Flitzer
Dienstraum

UNTERWEGS IM ROTEN FLITZER

Von Frühjahr bis Herbst schaukelt der Freizeitexpress „Krebsbachtäler“ durch den nördlichen Kraichgau. Der dunkelrot lackierte historische Schienenbus gewährt den Reisenden beste Aussichten auf die Strecke – vor allem aus der Perspektive des Zugführers.

#Obstversteigerung #Obstfüralle #Zeitreise #Mountainbike

Der Kasbachtäler weckt Erinnerungen an die Jahre des deutschen Wirtschaftswunders. Ob er den Spitznamen „Roter Flitzer" verdient, klärt eine Probefahrt.

Zwischen der hochmodernen S-Bahn und dem „Roten Flitzer" liegen vom Alter her fast 60 Jahre, doch zu Fuß nur wenige Sekunden. Fahrgäste können in Neckarbischofsheim Nord, wo die S-Bahn-Züge aus Heidelberg an einem neuen Bahnsteig halten, in den Freizeitexpress „Krebsbachtäler" umsteigen. Der Schienenbus, der nach Hüffenhardt fährt, wartet an einem separaten Bahnsteig hinter dem Empfangsgebäude. Das Fahrzeug aus dem Jahr 1964 bietet einige Besonderheiten: Die Lehnen der Sitzbänke können umgeklappt werden, damit man immer in Fahrtrichtung sitzt, zudem kann man dem Lokführer bei der Arbeit über die Schulter schauen und durch die großen Frontscheiben den Blick auf die Strecke genießen. Anders als bei modernen Fahrzeugen mit Klimaanlage lassen sich die Seitenfenster öffnen, sodass an warmen Tagen frische Luft ins Innere strömt.

Nach dem Abfahrtspiff schließen sich die Falttüren, und der Schienenbus nimmt knatternd Fahrt auf. Während der Schaffner die Fahrscheine kontrolliert, biegt der Triebwagen in einem weiten Bogen ins Krebsbachtal ein. Nach wenigen Minuten ist der Bahnhof Neckarbischofsheim Stadt erreicht. Wahrzeichen des Städtchens ist der fünfeckige Hohe Turm von 1448, ein Rest der Stadtmauer. Durch die charmante Altstadt sind es nur ein paar Gehminuten zum großen Park mit Altem und Neuem Schloss.

Auf der Weiterfahrt folgen die Gleise dem Krebsbach, der munter durch Wiesen, Obstplantagen und kleine Waldstücke plätschert.

In Untergimpern hält der Schienenbus direkt am Fuß des Turms der Sankt-Joseph-Kirche, und in Obergimpern rollt er fast durch die Vorgärten, ehe die Gleise in einer langen Steigung nach Siegelsbach hinaufführen. Am Siegelsbacher Bahnhof beginnt ein acht Kilometer langer Wanderweg ins Fünfmühlental – am Mühlbach drehen sich noch heute die Räder von fünf Wassermühlen. Nach der Wanderung lädt Michel's Bistro im Bahnhof zur Stärkung ein – mit Biergarten direkt auf dem Bahnsteig (www.michels-siegelsbach.de). Von Siegelsbach sind es mit dem „Krebsbachtäler" noch zwei Kilometer bis Hüffenhardt. Der Ort lohnt wegen seiner hübschen Fachwerkhäuser einen Rundgang.

Hin & weg: Neckarbischofsheim Nord ist mit der S-Bahn-Linie S 51 ab Heidelberg zu erreichen, die an Sonn- und Feiertagen stündlich verkehrt. Hier startet der Freizeitexpress „Krebsbachtäler" zu seiner Fahrt nach Hüffenhardt.

Beste Reisezeit: Der „Krebsbachtäler" ist jedes Jahr von Ende April bis Mitte Oktober an Sonn- und Feiertagen unterwegs.

Dauer & Strecke: 1 Tag. Die Fahrtzeit auf der 17 km langen Strecke von Neckarbischofsheim Nord nach Hüffenhardt beträgt 30 Min. Unterwegs sind 6 Zugpaare, von denen 4 nur bis Obergimpern verkehren.

Tickets & Tarife: S-Bahn und Krebsbachtäler können zum bwtarif (www.bwtarif.de) und mit dem Deutschlandticket genutzt werden, die Fahrradmitnahme ist kostenfrei.

Tipp: Voll auf ihre Kosten kommen Radler, die auf gut ausgeschilderten Wegen von Hüffenhardt über Wollenberg nach Neckarbischofsheim Nord zurückfahren können – mit herrlichen Blicken auf die sanften Hügel des nördlichen Kraichgaus und durch die Buchenwälder ins Krebsbachtal hinab.

Fazit: Entspannender Tagesausflug zurück in die 1960er-Jahre.

Ein Zug, drei Seen

… von Freiburg (Breisgau) Hbf nach Seebrugg

Die Linie S 1 der Breisgau-S-Bahn verbindet die Höllentalbahn und die Dreiseenbahn zur spannenden Sightseeingtour der Superlative – mit einem fantastischen Auftakt in der munteren Universitätsstadt Freiburg.

#GreenCity #Bächlebootrennen #Waldbaden #ShinrinYoku

Die Universitätsstadt Freiburg punktet mit ihren lauschigen Stadtbächen und einem hohen Freizeitwert.

Darf man Freiburg (Breisgau) bei einer Zugfahrt durch den Schwarzwald einfach links liegen lassen? Natürlich, aber dann verpasst man nicht nur die einmaligen Freiburger Bächle, jene mit Wasser der Dreisam gespeisten flachen Kanäle entlang der Altstadtgassen, sondern auch das Münster mit seinem 116 Meter hohen gotischen Turm und das fröhliche Treiben auf dem Münstermarkt – vormittags an den Wochentagen. Zum Glück fährt die Breisgau-S-Bahn so oft, dass man ruhig einen Zug später nehmen kann.

Auf der Breisgau-S-Bahn verkehren hochmoderne Elektrotriebzüge, die auch die Höllentalbahn, die steilste Hauptstrecke im Netz der Deutschen Bahn, problemlos meistern. In flotter Fahrt rollt die S 1 nach Himmelreich. Hier verengt sich das eben noch weite Tal schlagartig, die grünen Wiesen weichen

schroffen Felswänden. Langsam windet sich der Zug das schattige Höllental hinauf. Immer wieder verschwindet die Wagenschlange in kurzen Tunneln. Doch plötzlich fällt Sonnenlicht durch die Fenster. Auf einem 36 Meter hohen und 224 Meter langen Viadukt gleitet der Zug über die Ravennaschlucht. Wenig später erreicht die Höllentalbahn ihren Scheitelpunkt in 893 Metern Höhe – seit der Abfahrt hat der Zug bereits 625 Höhenmeter bewältigt – und kurz darauf die Kleinstadt Titisee. Hier lohnen sich ein Spaziergang zum gleichnamigen See, an dem Kanus für eine Bootstour ausgeliehen werden können, sowie ein Abstecher zur Märklin World. In dem Museum ziehen vier betriebene Modellbahnanlagen der Spurgröße H0 aus unterschiedlichen Jahrzehnten viele bewundernde Blicke auf sich (www.maerklin-world.de).

In Titisee wechselt die S-Bahn von der Höllental- auf die Dreiseenbahn. Nun sollte man auf der rechten Seite sitzen. Kurz nach Abfahrt gewinnt der Zug an Höhe, sodass man einen herrlichen Blick auf den Titisee genießt. Wenig später hält er in Feldberg-Bärental. Der Bahnhof auf 967 Metern ist der höchstgelegene Deutschlands an einer normalspurigen Strecke. Auf den folgenden Kilometern geht es leicht bergab. In gemächlichem Tempo wird der glasklare Windgfällweiher passiert, dessen Oberfläche still unter den dunklen Tannen ruht. Bei Aha glitzert der Schluchsee verführerisch im Sonnenlicht. Die Gleise verlaufen dicht am Ostufer des Stausees – und nahe der Ortschaft Schluchsee auf einem Damm sogar mitten durch. Nur wenige Minuten später ist Seebrugg erreicht.

Tipp: Wer möchte, kann von der Endstation aus auf der Westseite des Stausees zurück zum Bahnhof Aha wandern oder radeln. es geht über die 35 Meter hohe und 250 Meter lange Staumauer. Unterwegs laden idyllische Badestellen zum Sprung ins (sehr) kühle Nass ein. Alternativ macht man mit dem Linienbus einen Abstecher zum Dom Sankt Blasien, um die klassizistische Kuppel zu bestaunen.

Am Titisee können Bahnreisende nach der Fahrt durch das Höllental das Verkehrsmittel wechseln und entweder mit dem Ausflugsboot über das Wasser schippern oder im Ruderboot selbst aktiv werden.

Hin & weg: Freiburg (Breisgau) Hauptbahnhof ist mit Nah- und Fernverkehrszügen aus Karlsruhe und Basel zu erreichen. Hier fährt die S-Bahn-Linie S 1 nach Seebrugg ab.

Beste Reisezeit: ganzjährig

Dauer & Strecke: 1–2 Tage. Die Fahrtzeit auf der 50 km langen Strecke von Freiburg (Breisgau) Hbf nach Seebrugg beträgt 1 Stunde und 15 Minuten. Die S 1 fährt täglich im Halbstunden- bis Stundentakt, teilweise muss man in Titisee in einen Anschlusszug umsteigen.

Tickets & Tarife: Die Breisgau-S-Bahn kann zum bwtarif (www.bwtarif.de) und mit dem Deutschlandticket genutzt werden.

Wenn es Nacht wird: Wer vor oder nach der Bahnfahrt die Stadt Freiburg in Ruhe erkunden möchte, ist im Schwarzwälder Hof bestens aufgehoben. Das charmante Hotel mit Restaurant liegt nicht weit vom Schwabentor in einer ruhigen Seltengasse im Zentrum der Breisgaumetropole (www.schwarzwaelder-hof.com).

FAZIT: IM HÖLLENTAL IST DER SCHWARZWALD WIRKLICH SEHR SCHWARZ.

Geheimnis der Donau

Eine von Deutschlands schönsten Eisenbahnstrecken führt durch das Obere Donautal. Schon kurz nach dem Start passiert der Zug die Donauversickerung, bahnt sich seinen Weg durch leuchtend weiße Kalksteinfelsen und passiert den türkisblau schimmernden Blautopf, ehe er in den Bahnhof Ulm einläuft.

Die Donau, Europas zweitlängster Strom (nach der Wolga), entspringt nicht etwa im hübsch eingefassten Quellbecken im Schlosspark von Donaueschingen. Inzwischen verortet man ihren Ursprung weiter östlich am Zusammenfluss von Brigach und Breg. Hier erstreckt sich ein kleiner Auenpark mit Naturerlebnispfad und Aussichtsplattform, der nur 500 Meter vom Bahnhof Donaueschingen entfernt liegt, sodass man vor dem Start locker einen Abstecher machen kann.

Der Zug verlässt den Bahnhof, kreuzt die Breg und trifft bald darauf auf die Donau, die hier verspielt durch die Wiesen mäandert. Gleich hinter Immendingen sollte man in Fahrtrichtung rechts aus dem Fenster schauen, denn im Sommer versickert hier die Donau und das Flussbett fällt wochenlang trocken. Das Wasser fließt unterirdisch zur Aachquelle, über die Aach in den Bodensee und von dort weiter in den Rhein. Funfact: Damit die Donau nicht gänzlich in Richtung Nordsee abfließt, wurde schon 1923 ein Umleitungsstollen angelegt, durch den ein Teil des Flusswassers an der Donauversickerung vorbeigeführt wird. Ein bisschen später fährt der Zug in Tuttlingen ein. Hier kommen Eisenbahnfans sonntags auf ihre Kosten, wenn das Deutsche Dampflok- und Modelleisenbahn-Museum im alten Bahnbetriebswerk seine Tore öffnet (www.bahnbetriebswerk-tuttlingen.de).

Hinter Tuttlingen wird das Tal von leuchtend weißen Kalkfelsen eingeengt, sodass neben der Donau nur Platz für die Gleise sowie einen Rad- und Wanderweg bleibt. In Beuron passiert der Zug das Benediktinerkloster Sankt Martin, das vom Turm der barocken Abteikirche überragt wird. Gleich darauf öffnet sich das Tal wieder etwas, doch die Strecke bleibt kurvenreich. Nach einer Stunde Fahrt können die Reisenden in Sigmaringen aussteigen. Der Bahnhof liegt zu Füßen des Hohenzollernschlosses, das sich auf einem Kalksteinfelsen über der Donau erhebt und dessen prachtvoll ausgestattete Säle auf eigene Faust oder im Rahmen einer Führung besichtigt werden können (www.hohenzollern-schloss.de). Mit einem Stück der leckeren Hohenzollerntorte kann man sich in der Hofkonditorei Huthmacher (www.hofkonditorei-huthmacher.de) verwöhnen lassen, bevor es weitergeht.

Nahe Ehingen (Donau) verlassen die Gleise das Donautal und führen nach Blaubeuren.

Das Donautal bietet Abwechslung und sowohl Natur- als auch Kulturerlebnisse von Donaueschingen bis Ulm.

Wer möchte, kann hier aussteigen und sich den Blautopf anschauen. Die türkisblau schimmernde Karstquelle wird aus einem weitverzweigten Höhlensystem unter der Schwäbischen Alb gespeist – im Durchschnitt mit mehr als 2000 Liter Wasser pro Sekunde (www.geopark-alb.de). Vom Halt in Blaubeuren benötigt der Zug nicht mal mehr eine Viertelstunde bis zum Ulmer Hauptbahnhof. Das Stadtbild prägt das spätgotische Münster durch seinen mit 161,53 Metern höchsten Kirchturm der Welt – jedenfalls bis zur Vollendung der Sagrada Familia in Barcelona. Beim Spaziergang auf der alten Stadtmauer kann man sich dann stimmungsvoll vom „Fluss ohne Quelle" verabschieden.

Hin & weg: Donaueschingen ist mit Nah- und Fernverkehrszügen aus Karlsruhe und Freiburg zu erreichen. Hier fährt der Regionalexpress RE 55 nach Ulm Hbf ab.

Beste Reisezeit: im Sommer

Dauer & Strecke: 1–2 Tage. Die Fahrtzeit auf der 164 km langen Strecke von Donaueschingen nach Ulm beträgt 2 Std. und 20 Min. Der RE 55 fährt täglich im Zweistundentakt.

Tickets & Tarife: Neben dem bwtarif (www.bwtarif.de) gilt das Deutschlandticket.

Wenn es Nacht wird: Karls Hotel in Sigmaringen bietet herrliche Aussichten über die Donau auf das Hohenzollernschloss (www.karlshotel.de).

FAZIT: ENTLANG DER DONAUTALBAHN GIBT ES VIEL ZU ENTDECKEN!

HERZ FÜR BIKER

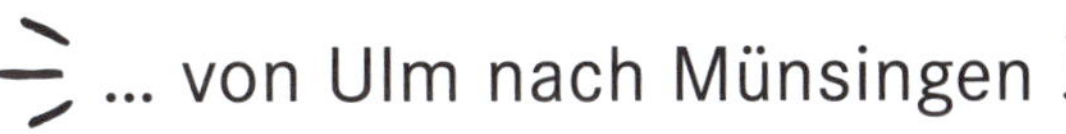

Das Biosphärengebiet Schwäbische Alb lässt sich ganz umweltfreundlich per Zug und Fahrrad erkunden. Von Ulm fährt ein kleiner Triebwagen durch das waldige Schandental nach Münsingen. Von hier aus kann man mit E-Bikes den einstigen Truppenübungsplatz im Herzen des Biosphärengebiets erkunden.

Die Schwäbische Alb-Bahn (SAB) fährt jeden Morgen von Ulm über Schelklingen nach Münsingen – optimal für Ausflügler, die umsteigefrei in das bis zu 870 Meter hoch gelegene Biosphärengebiet Schwäbische Alb gelangen möchten. Der SAB-Triebwagen setzt sich in Bewegung und verlässt den Ulmer Hauptbahnhof. Zunächst geht es in flotter Fahrt über die Donautalbahn nach Schelklingen, wo der Zug auf die Nebenstrecke nach Münsingen abbiegt. Auf dieser Verbindung lohnen sich täglich zwar nur eine Handvoll Fahrten, allerdings ist die Schwäbische Alb dadurch zuverlässig und nachhaltig auf der Schiene zu erreichen.

Der weinrot-beige lackierte SAB-Triebwagen fährt in einer Rechtskurve aus dem Schelklinger Bahnhof und rollt durch das Dörfchen Schmiechen. Entlang der munter plätschernden Schmiech geht es in gemächlichem Tempo durch die Wiesen, ehe der Zug ins stille Schandental einschwenkt. Hier sind bergauf insgesamt 170 Höhenmeter zu bewältigen. Auf den ersten Kilometern fährt der Triebwagen im Schatten hoher Bäume, die bald einem Trockental mit Kalksteinfelsen, Gräsern und Wacholderbüschen weichen. Wenig später ist der Albaufstieg geschafft, und der Zug fährt in Münsingen ein.

Auf den ersten Blick scheint im Bahnhof Münsingen die Zeit stehen geblieben zu sein. Das historische Empfangsgebäude, in dem es noch einen Wartesaal und einen Fahrkartenschalter gibt, wurde liebevoll renoviert. Das Stations-Buffet versorgt Reisende mit beleg-

Die saftigen Wiesen der Schwäbischen Alb ziehen Schafherden und naturliebende Bahnreisende an.

ten Broten oder Kuchen. Erst auf den zweiten Blick fällt auf, dass die Station zur hochmodernen Verkehrsdrehscheibe ausgebaut wurde. Das Mobilitätszentrum Münsingen vermietet in einem Nebengebäude nicht nur E-Autos, sondern auch E-Bikes. Der Clou: In den Navigationsgeräten der E-Bikes sind verschiedene Touren gespeichert, sodass man sich die schönste Route aussuchen und durch das Biosphärengebiet Schwäbische Alb lotsen lassen kann (www.muensingen.com).

Mehrere Radrouten (und auch Wanderwege) führen über den ehemaligen Truppenübungsplatz oberhalb von Münsingen. Das riesige Militärgelände blieb von Siedlungen, Straßenbau und Landwirtschaft verschont und bildet heute das Herz des Biosphärengebiets. Schafherden erhalten die parkartige Weidelandschaft, wie sie im 19. Jahrhundert auf der Alb typisch war. Vier Beobachtungs- wurden zu Aussichtstürmen umgebaut. Im alten Lager befindet sich das Biosphärenzentrum (www.biosphaerengebiet-alb.de).

Fazit: Eine Eskapade im Einklang mit der Natur!

Hin & weg: Ulm ist mit Nah- und Fernverkehrszügen aus allen Himmelsrichtungen zu erreichen. Hier fährt die Schwäbische Alb-Bahn (SAB) nach Münsingen ab.

Beste Reisezeit: Frühjahr bis Herbst

Dauer & Strecke: 1–2 Tage. Die Fahrtzeit auf der 46 km langen Strecke von Ulm nach Münsingen beträgt 1 Std. und 8 Min. Die SAB fährt mehrmals täglich.

Tickets & Tarife: Neben dem bwtarif (www.bwtarif.de) gilt das Deutschlandticket.

Wenn es Nacht wird: Die Möbel aus Zirbelkieferholz in den sogenannten Biosphärenzimmern des Hotel Gasthofs Herrmann in Münsingen sollen den Herzschlag beruhigen und die Erholung beschleunigen (www.hotelherrmann.de).

BODENSEE-RUNDE

… von Konstanz nach Friedrichshafen (und zurück)

Der Bodensee ließe sich auch komplett auf Schienen umrunden. Viel entspannter ist aber eine Reise mit Bahn und Schiff am und über den Westteil des Sees.

#Dreiländereck #Schifferpatent #Zeppelin

Den Bodensee, das Schwäbische Meer, teilen sich vier Staaten – neben den Seeanrainern Deutschland, Österreich und der Schweiz gehört historisch auch Liechtenstein zur Vierländerregion.

Staatsgrenzen müssen nichts Trennendes haben. Konstanz, die größte Stadt am Bodensee, ist längst mit ihrer Schweizer Nachbarstadt Kreuzlingen zusammengewachsen. Am Bahnhof Konstanz gibt es schon lange keine Grenzkontrollen mehr, und Züge der Schweizerischen Bundesbahnen (SBB) fahren auch in Deutschland – wie der Seehas, eine moderne S-Bahn, die nach Radolfzell pendelt. Kurz nach Verlassen des Bahnhofs rumpelt die Bahn auf einer Brücke über den Konstanzer Trichter, durch den der Bodensee über den Seerhein in den Untersee abfließt. Wenig später geht es in flotter Fahrt am Untersee entlang. Der Blick fällt auf die Insel Reichenau, die mit dem Benediktinerkloster Reichenau zum UNESCO-Welterbe zählt. Nach rund 20 Minuten Fahrt ist Radolfzell erreicht. In der Kleinstadt am westlichen Ende des Untersees lohnt sich ein Bummel durch das historische Zentrum nördlich vom Bahnhof und südlich der Gleise auf der Strandpromenade, die bei klarer Sicht einen herrlichen Blick über den Untersee auf die Alpen bietet.

Weiter geht es dann mit der Regionalbahn RB 31. Kurz hinter Radolfzell unterquert der Zug in einem Tunnel die Ausläufer des Bodanrücks, der den nordwestlichen Obersee vom Untersee trennt. Ab Ludwigshafen (Bodensee) führt die Strecke wieder direkt am glasklaren Wasser entlang. Nach einer halben Stunde Fahrt empfiehlt sich Überlingen für einen Zwischenstopp. Im historischen Stadtkern sind das spätgotische Münster Sankt Nikolaus sowie zwei schöne Beispiele der Renaissancearchitektur, das Rathaus und die alte Stadtkanzlei, zu bewundern. Einen Abstecher lohnt auch das ehemalige Handels- und Kornhaus Greth am See. Der klassizistischen Bau beherbergt eine Markthalle, ein Restaurant und Cafés. Mit fast fünf Kilometern hat Überlingen übrigens die längste Uferpromenade am Bodensee.

Auf, im und am Bodensee ist es nicht einfach, Aufmerksamkeit zu erlangen.

Der Zug passiert kurz hinter Überlingen die rosafarben getünchte Wallfahrtskirche Sankt Marien, ehe er sich vom Seeufer verabschiedet. Kurvenreich schlängeln sich die Gleise durch die grüne Hügellandschaft des Linzgaus, erst kurz vor Friedrichshafen erreichen

sie wieder den Obersee. Die Fahrt endet im Bahnhof Friedrichshafen Stadt. Über die nahe Uferpromenade spaziert man in einer Viertelstunde zum Hafen. Im ehemaligen Seebahnhof befindet sich heute das Zeppelin-Museum. Zu den Highlights gehört eine begehbare Rekonstruktion des Luftschiffs Hindenburg (www.zeppelin-museum.de).

Die Rückfahrt zum Ausgangspunkt dauert nur eine knappe Stunde und führt einmal quer über den Bodensee. Im Stundentakt pendeln Katamarane mit 40 Kilometern pro Stunde zwischen Friedrichshafen und Konstanz. Unterwegs kann man den Blick über den Linzgau im Norden, die schneebedeckten Alpen im Süden und den grünen Bodanrück im Westen genießen (www.der-katamaran.de).

Hin & weg: Konstanz ist mit Nah- und Fernverkehrszügen aus Offenburg und Stuttgart zu erreichen. Hier fährt der Seehas nach Radolfzell ab, wo man zur Weiterfahrt in die Regionalbahn (RB 31) nach Friedrichshafen umgesteigen muss. Von Friedrichshafen geht es per Katamaran zurück nach Konstanz.

Beste Reisezeit: ganzjährig

Dauer & Strecke: 1 Tag. Die Fahrtzeit auf der 77 km langen Bahnstrecke von Konstanz nach Friedrichshafen beträgt 1 Std. und 32 Min. Die Katamaranfahrt von Friedrichshafen nach Konstanz dauert 52 Min. Beide Verbindungen werden im Stundentakt bedient.

Tickets & Tarife: Die Züge können zum bwtarif (www.bwtarif.de) und mit dem Deutschlandticket genutzt werden. Die Katamarane haben ein eigenes Tarifsystem (www.der-katamaran.de).

Fazit: Berge oder (schwäbisches) Meer? Diese Eskapade bietet beides!

SCHIENEN-ROMANTIK

… von Aschaffenburg Hbf nach Tauberbischofsheim

Leider gibt es kein Prädikat „Romantische Schiene" – die DB-Tochter Westfrankenbahn hätte es für ihre wunderschöne Strecke an Main und Tauber verdient. Perfekt ergänzen lässt sich die Tour mit Zwischenstopps in den malerischen Städtchen Wertheim und Bronnbach.

#Bilderbuchkulissen #grasendeZiegen #Wasserwandern

Die Westfrankenbahn gibt sich unscheinbar. Der Regionalexpress RE 87, der über Wertheim nach Tauberbischofsheim fährt, wartet auf einem Nebengleis des Aschaffenburger Hauptbahnhofs und besteht nur aus einem einfachen Nahverkehrstriebzug. Er verlässt den Bahnhof in einer engen Rechtskurve und erreicht wenig später den Main. In flotter Fahrt geht es flussaufwärts durchs weite Tal gen Süden. Nach einer halben Stunde bremst der Zug ab, rauscht auf einer Brücke über den Main und hält im Bahnhof Miltenberg. Es sind nur wenige Gehminuten in die charmante Altstadt zu Füßen der Burg Miltenberg. Der Weg führt über die Mainbrücke mit dem mächtigen Zwillingstor. Unter den hübschen Fachwerkhäusern im Zentrum fällt das Gasthaus zum Riesen auf. Der Renaissancebau beherbergt eines der ältesten Gasthäuser Deutschlands (www.riesen-miltenberg.de).

Hinter Miltenberg wird das Maintal schmaler. Nun folgen die Gleise dem Fluss in engen Kurven, und der Zug rollt gemütlich nach Wertheim. Hier mündet die Tauber in den Main. Wer möchte, kann die Ruine der Burg Wertheim erklimmen, die sich auf einer Bergzunge zwischen Main- und Tauber erhebt, und den schönen Zweiflüsseblick genießen. Außerdem lassen sich die Burgmaskottchen bei der Arbeit beobachten – eine Ziegenherde hält von Frühjahr bis Herbst die steil abfallenden Grünflächen des Burgareals kurz. Von der

Hin & weg: Aschaffenburg ist mit Nah- und Fernverkehrszügen aus Frankfurt (Main) und Würzburg zu erreichen. Hier fährt die Westfrankenbahn (RE 87) nach Tauberbischofsheim ab.

Beste Reisezeit: Frühjahr bis Herbst

Dauer & Strecke: 1–2 Tage. Die Fahrtzeit auf der 93 km langen Strecke von Aschaffenburg nach Tauberbischofsheim beträgt 1 Std. und 32 Min. Der RE 87 fährt täglich im Zweistundentakt.

Tickets & Tarife: Gültig sind der Deutschlandtarif und das Deutschlandticket.

Wenn es Nacht wird: Komfortabel nächtigen kann man im Hotel & Restaurant Kloster Bronnbach (www.hotel-kloster-bronnbach.de).

Mit einer Bilderbuchkulisse begeistert Miltenberg. Aber auch die anderen Zwischenstopps dieser Eskapade, darunter das Kloster Bronnbach, laden mit historischen Bauten zum Entdecken ein.

Sonnenterrasse des Burgrestaurants, auf dessen Speisekarte auch vegane und vegetarische Gerichte stehen, hat man eine gute Aussicht auf die von Fachwerkhäusern geprägte Altstadt (www.burgwertheim.de).

Bei der Weiterfahrt heißt es Abschied nehmen vom Main. Der Zug schwenkt ins enge Taubertal ein und folgt dem Fluss in nur wenigen Metern Abstand. Die Fahrt ist herrlich entspannend. Mal verläuft die Strecke unter hohen Bäumen, dann wieder durch Felder und Wiesen. Im flachen Wasser am Ufer lauern Graureiher ihrer Beute auf. Viel zu früh ist der Haltepunkt Kloster Bronnbach erreicht. Vom Bahnsteig ist es nicht weit bis zum ehemaligen Zisterzienserkloster mit der 1222 geweihten Kirche Mariä Himmelfahrt. Im Inneren können die barocken Altäre bewundert werden, darunter der goldstrotzende Hochaltar aus dem Jahr 1712. Besonders schön ist ein Rundgang durch den blühenden, liebevoll gepflegten Klostergarten (www.kloster-bronnbach.de). Wer das Taubertal auch noch vom Wasser aus erkunden möchte, kann sich im Hotel & Restaurant Kloster Bronnbach ein Kanu mieten.

Nach 20 Minuten Fahrt ist dann Tauberbischofsheim erreicht. Der Bahnhof grenzt direkt an die Altstadt. Hübsch ist der von Cafés gesäumte Marktplatz mit dem neogotischen Rathaus. Stiller geht es am Kurmainzischen Schloss zu. Am Brunnen kann man neben den täuschend echt gestalteten Figuren junger Menschen Platz nehmen und dem leise plätschernden Wasser lauschen.

Fazit: Fachwerkromantik pur an Main und Tauber!

DEN ALPEN ENTGEGEN

Mit der Bayerischen Regiobahn (BRB) geht es ganz entspannt in Richtung Alpen. Ebenso erholsam ist der Zwischenstopp in Marktoberndorf mit einem Spaziergang auf der Lindenallee, aufregend hingegen der Besuch von Schloss Neuschwanstein bei Füssen.

#Wassermanagement #GlobalPlayer #Märchenkönig #Ludwigfeuer

Die Fuggerei ist der sozialen Ader des Augsburger Kaufmann Jacob Fugger zu verdanken, der zunächst im Baumwollhandel, später auch in Bergbau und Bankenwesen, diesseits und jenseits der Alpen geschäftlich erfolgreich war.

Wer vor der Abfahrt in Augsburg noch etwas Zeit hat (oder bereits am Vortag angereist ist), sollte einen Rundgang durch die Altstadt und die Fuggerei einplanen. Der Hauptbahnhof liegt gerade mal einen Kilometer vom imposanten Rathausplatz entfernt. Hier beeindruckt das Rathaus, mit dem Elias Holl zu Beginn des 17. Jahrhunderts einen der wichtigsten Profanbauten der Renaissance nördlich der Alpen schuf. Besonderen Prunk entfaltet im Innern der Goldene Saal. Weniger prachtvoll, dafür fast schon idyllisch ist die nahe Fuggerei, eine vom wohlhabenden Kaufmann Jakob Fugger 1521 gestiftete Sozialsiedlung. Für die 140 Wohnungen in den Reihenhäusern ist bis heute eine monatliche (Kalt-)Miete von nur 88 Cent zu zahlen – außerdem müssen die Bewohner täglich ein Vaterunser für die Familie Fugger sprechen.

Auf der Strecke von Augsburg nach Füssen ist die Bayerische Regiobahn (BRB) mit modernen Dieseltriebzügen unterwegs. Durch die großen Panoramascheiben hat man einen herrlichen Ausblick auf sanft gewellte Wiesen, kleine Dörfer mit Zwiebelkirchtürmen und die näher rückende Alpenkette. In rascher Fahrt geht es nach Kaufbeuren. Vom Bahnhof führt ein kurzer Weg durch den Stadtpark zum Ortskern mit der prächtigen Kaiser-Max-Straße. Hier plätschert der Neptunbrunnen, der alljährlich im Dezember zu einem riesigen Adventskranz umdekoriert wird. Sein Durchmesser beträgt acht Meter, die Kerzen sind 1,5 Meter hoch. Malerisch sind auch die Reste der historischen Stadtmauer mit Blasiusturm, Fünfkopfturm und Hexenturm im Westen der Altstadt.

Nach weiteren 15 Minuten Fahrzeit lohnt der Zwischenstopp in Marktoberdorf. In der Nähe des Bahnhofs befindet sich ein ehemaliges fürstbischöfliches Jagdschloss. Von dort führt eine schnurgerade, zwei Kilometer lange Lindenallee aus dem 18. Jahrhundert zum Tempel genannten Aussichtspunkt mit schönem Rundumblick – und bis zu den Alpen.

Hinter Marktoberdorf windet sich die Bahnstrecke in vielen Kurven durch die grünen Hügel des Allgäus, ehe sie den kristallklaren Hopfensee passiert und wenig später in Füssen endet. Von der Bahnhofstraße aus taucht man in die engen Gassen der Altstadt ein, die vom Hohen Schloss und der ehemaligen Benediktinerabtei Sankt Mang überragt wird.

Tipp: Vom Bahnhof in Füssen fahren Linienbusse zum Schloss Neuschwanstein, das der bayerische König Ludwig II. ab 1869 mit

Türmchen, Zinnen und Balkonen errichten ließ (www.neuschwanstein.de). Am Bahnhof können auch Räder ausgeliehen werden (www.bike-rental-fuessen.com), mit denen sich der Forggensee, der magisch blau schimmernde Stausee am Lech, umrunden lässt. Auf der 30 Kilometer langen Radtour werden mehrere idyllische Badestellen passiert.

FAZIT: ERLEBNIS-AUSZEIT-URLAUB AM FUß DER ALPEN.

Hin & weg: Der Augsburger Hauptbahnhof ist mit Nah- und Fernverkehrszügen aus allen Himmelsrichtungen zu erreichen. Hier fährt die Bayerische Regiobahn (RB 77) nach Füssen ab.

Beste Reisezeit: Frühjahr bis Herbst

Dauer & Strecke: 1–2 Tage. Die Fahrtzeit auf der 98 km langen Strecke von Augsburg nach Füssen beträgt 2 Std. und 20 Min. Die RB 77 fährt täglich im Stundentakt.

Tickets & Tarife: Gültig sind der Deutschlandtarif und das Deutschlandticket.

Wenn es Nacht wird: 2 km nördlich von Füssen kann man im Bubble Tent mit Blick in den Sternenhimmel übernachten – mehr Romantik geht nicht (www.book-a-bubble.de).

BLICK IN DIE RÖHRE

... von Großreuth bei Schweinau zum Klinikum Nord

#48

Nürnberg ist eine von vier deutschen Städten mit „echter" U-Bahn. Die automatische Linie U 3 kommt völlig ohne Fahrer aus und dreht einen großen Bogen unter der Altstadt.

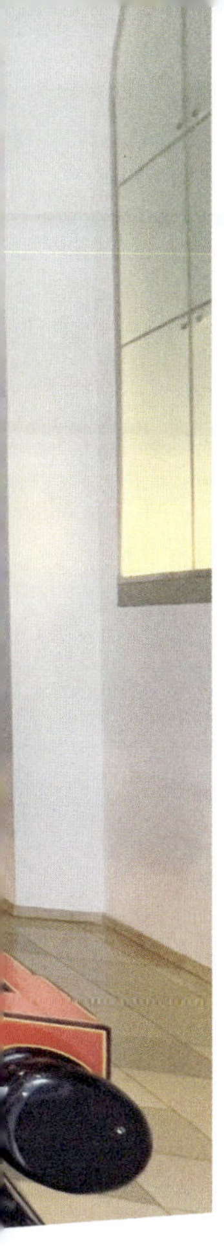

Ein Besuch in der Frankenmetropole steht nicht nur im Zeichen der Burg, sondern auch der Mobilität – ob im DB Museum oder in der U-Bahn.

Nur Berlin, Hamburg, München und Nürnberg haben „echte“ U-Bahnen mit eigenen, vom übrigen Verkehr getrennten Gleisen. Das Netz in der fränkischen Metropole ist mit nur drei Linien im Vergleich aber überschaubar. Dafür haben die Nürnberger technisch die Nase vorn: Die Linien U 2 und U 3 werden automatisch bedient, das heißt die Züge rauschen fahrerlos durch den Untergrund. Da sie keinen Führerstand mehr benötigen, kann man durch die Frontscheibe auf die Gleise schauen. Und wer einen Platz ganz vorn ergattert, spielt für ein paar Stationen U-Bahn-Fahrer.

Wie von Geisterhand gesteuert setzt sich die Bahn in Großreuth in Bewegung. In flottem

Automatisch und fahrerlos kann man mit der U-Bahn Nürnberg erfahren und ist immer nah dran an den Sehenswürdigkeiten übertage, wie den Hauptmarkt mit der Frauenkirche oder der Burg.

Tempo geht es durch die Dunkelheit. Die nächste Haltestelle kündigt sich mit einem Leuchten am Ende des Tunnels an. Am Bahnsteig kommt der Zug sanft zum Stehen, und nach ein paar Sekunden geht es automatisch weiter. Wenig später ist die Station Opernhaus erreicht. Gleich um die Ecke lässt das DB Museum Nürnberg die Geschichte der Eisenbahn in Deutschland von den Anfängen bis heute zum Erlebnis werden. Neben historischen Lokomotiven sind diverse Waggons ausgestellt, darunter ein Personenwagen, der am 7. Dezember 1835 in den Eröffnungszug von Deutschlands erster Eisenbahn zwischen Nürnberg und Fürth eingereiht war. Im urigen Museumscafé kann man sich vor der Weiterfahrt noch mit einem kleinen Snack stärken (www.dbmuseum.de).

Auch an der Haltestelle Wöhrder Wiese sollte man unbedingt aussteigen, denn charmanter kommt man nicht in die Nürnberger Altstadt. Die Station liegt unterhalb der Flussinsel Schütt, die von der Pegnitz umflossen wird. Abseits des Autoverkehrs kann man auf einer Promenade am linken Ufer bis zur Museumsbrücke spazieren. Wer die Brücke überquert, erreicht den Hauptmarkt, auf dem in der Adventszeit der berühmte Christkindlesmarkt stattfindet. Über den Rathausplatz gelangt man zum Wahrzeichen Nürnbergs, der Burg, die weithin sichtbar auf einem Sandsteinrücken thront. Im Rahmen von Führungen erfahren Besucher, welche bedeutende Rolle sie als Kaiserpfalz im Heiligen Römischen Reich Deutscher Nation spielte (www.kaiserburg-nuernberg.de).

Abschließend geht es mit der U 3 zur Endstation Klinikum Nord, einer absolut einmalig gestalteten Haltestelle. Die Fahrgäste werden von warmen Goldtönen empfangen, aus verborgenen Lautsprechern erklingt leise Musik. Die harmonische Atmosphäre gibt all jenen ein- und aussteigenden Menschen, die vielleicht auf dem Weg vom oder zum Klinikum sind, besonders viel Kraft und Ruhe.

Fazit: Eine spannende Technikreise durch den Nürnberger Untergrund.

Hin & weg: Nürnberg ist per Zug aus allen Himmelsrichtungen zu erreichen. Zwischen Großreuth bei Schweinau und dem Klinikum Nord fährt die U 3, die auch den Hauptbahnhof ansteuert.

Beste Reisezeit: ganzjährig, bei jedem Wetter

Dauer & Strecke: 1 Tag. Die Fahrtzeit auf der 9 km langen Strecke von Großreuth bei Schweinau zum Klinikum Nord beträgt 19 Min. Die U 3 fährt täglich im 5-Minuten-Takt.

Tickets & Tarife: Der Verkehrsverbund Großraum Nürnberg (VGN) bietet Tagestickets an. Außerdem gilt das Deutschlandticket.

DB
102 004

SCHNELLER STÄDTETRIP

Bayerns schnellster Regionalexpress rauscht mit 190 Kilometern pro Stunde von Nürnberg nach München. Bevor der RE 1 die bayerische Landeshauptstadt erreicht, hält er unterwegs im schönen Altmühltal sowie in der historischen Festungsstadt Ingolstadt.

In München grüßt am Viktualienmarkt der Komiker Karl Valentin, doch auch Ingolstadt verdient mit seiner hübschen Altstadt einen Zwischenstopp.

Der RE 1 verbindet nicht nur die beiden größten Städte Bayerns miteinander, sondern steuert auch das Altmühltal und Ingolstadt an. Eine Besonderheit ist, dass er zwischen Nürnberg und Ingolstadt die Schnellfahrstrecke nimmt, die ansonsten IC- und ICE-Zügen vorbehalten ist. Eingesetzt werden Doppelstockzüge mit großen Fahrradabteilen.

Der RE 1 rollt aus dem Nürnberger Hauptbahnhof, schwenkt auf die Schnellstrecke ein und nimmt Fahrt auf. Fast schnurgerade geht es durch die Landschaft - Bahndämme, Einschnitte und Tunnel wechseln in rascher Folge. Schon nach 30 Minuten bremst der Zug ab und kommt im Bahnhof Kinding (Altmühltal) zum Stehen. Fahrradfahrer können hier einen Zwischenstopp einlegen, um eine Runde auf dem beschaulichen Altmühltal-Radweg zu drehen, der im Abschnitt Eichstätt-Kinding-Beilngries auf der Trasse einer stillgelegten Nebenbahn verläuft (www.naturpark-altmuehltal.de).

Der Zug verlässt das Altmühltal durch einen Tunnel, beschleunigt - und hält keine Viertelstunde später in Ingolstadt Nord. Vom Bahnhof ist es nicht weit zum Glacis, dem Grüngürtel, der sich rund um die Altstadt zieht und im 19. Jahrhundert Teil der klassizistischen Landesfestung war. Von der mittelalterlichen Stadtmauer zeugen das 1385 erbaute siebentürmige Kreuztor und einige Wehrtürme, wie der Taschenturm mit dem markanten Stufengiebel. Überragt wird der historische Stadtkern von dem 63 Meter hohen Pfeifturm. Sein Name geht auf den Pfiff des Türmers zurück, der die Einwohner vor Bränden und Gefahren warnen musste. Heute genießen Besucher von oben einen wunderbaren Ausblick über die Stadt und die Donauauen. Wer nicht zu Fuß nach Ingolstadt Nord zurücklaufen möchte, kann vom Rathausplatz aus den Stadtbus zum Hauptbahnhof nehmen. Der RE 1 hält an beiden Stationen.

Kurvenreich geht es mit dem RE 1 ab Ingolstadt auf herkömmlichen Gleisen weiter, man vermisst die ruhige Fahrt über die Schnellfahrstrecke. Nach einer kleinen Ewigkeit kommt der Zug im Münchner Hauptbahnhof an. Die schönsten Sehenswürdigkeiten der Landeshauptstadt lassen sich bequem zu Fuß erkunden. Vom Bahnhof führt der Weg über den Karlsplatz und nach einem Schlenker zur Frauenkirche weiter zum Marienplatz mit dem Neuen Rathaus. Südlich davon lädt die Suppenküche auf dem lebhaften Viktualienmarkt zu einer Stärkung ein (www.muenchner-suppenkueche.de). Wer sich am Neuen Rathaus in Richtung Norden hält, gelangt über den Odeonsplatz und den Hofgarten in den Englischen Garten. Hier kann man Surfern beim Ritt auf der weltbekannten Eisbachwelle zusehen. Oder den erlebnisreichen Tag im großen Biergarten am Chinesischen Turm gemütlich ausklingen lassen …

Fazit: Schnelle Fahrt lässt mehr Zeit für Entdeckungen!

Hin & weg: Nürnberg ist mit Nah- und Fernverkehrszügen aus allen Himmelsrichtungen zu erreichen. Hier fährt der RE 1 nach München ab.

Beste Reisezeit: bei Biergartenwetter

Dauer & Strecke: 1–2 Tage. Die Fahrtzeit auf der 172 km langen Strecke von Nürnberg nach München beträgt 1 Std. und 45 Min. Der RE 1 fährt täglich im 2-Stunden-Takt.

Tickets & Tarife: Gültig sind der Deutschlandtarif, das Bayern-Ticket und das Deutschlandticket.

Wenn es Nacht wird: Wer lichte Birkenwälder liebt und eine Vorliebe für Hängesessel hat, wird sich im Hotel Cocoon Stachus am Karlsplatz in München wohlfühlen (www.cocoon-hotels.de).

BESTE AUSSICHTEN

… von Garmisch-Partenkirchen auf die Zugspitze

Deutschlands höchster Berg lässt sich zu jeder Jahreszeit kraftsparend mit der historischen Zugspitzbahn und zwei Seilbahnen erklimmen. Atemberaubend ist auf jeden Fall das Panorama.

#TopofGermany #WeltrekordSeilbahn #Gletscher #Skipisten

Höher hinauf als auf die Zugspitze geht es in Deutschland nicht. Die Zahnradbahn ist etwas für Nostalgiker. Die 2017 eröffnete Seilbahn Zugspitze ist etwas für Technik- und Rekordfans.

Schon die eineinhalbstündige Anreise von München nach Garmisch-Partenkirchen ist ein Erlebnis. In modernen Elektrotriebzügen von DB Regio geht es über die Werdenfelsbahn in Richtung Süden. Erst wird der Starnberger See passiert, später folgen der Staffelsee und das Murnauer Moos. Immer im Blick: die näher rückende Alpenkette. In Garmisch-Partenkirchen muss der Zug gewechselt werden. Die meterspurige Bayerische Zugspitzbahn (BZB) fährt in einer eigenen Station neben dem DB-Bahnhof ab.

Die 1930 eröffnete Zugspitzbahn ist technisch zweigeteilt. Auf der Talstrecke von Garmisch-Partenkirchen nach Grainau fahren die

An der Bergstation können Bahnreisende Alpenpanorama und Gipfelglück genießen – Höchstgefühle!

Züge im Reibungsbetrieb, während die Bergstrecke hinter Grainau als Zahnradbahn angelegt ist, um den steilen Anstieg auf die Zugspitze zu bewältigen. Seit einigen Jahren setzt die BZB moderne Triebzüge ein, die über beide Antriebssysteme verfügen, sodass man in der Regel ohne umzusteigen auf Deutschlands höchsten Berg kommt.

Der Triebzug rollt aus dem Bahnhof Garmisch-Partenkirchen und eilt schon bald durchs grüne Loisachtal. Im Schatten von Hausberg, Kreuzeck und Kreuzjoch fährt er nach Grainau. Hier schaltet der Zug auf Zahnstangenantrieb um. Gleich nach Verlassen des Bahnhofs auf 750 Metern Höhe geht es steil – und mit maximal 23 Kilometern pro Stunde – bergauf. Bald darauf ist der Bahnhof Eibsee erreicht, der schon 1008 Meter hoch liegt. Nun windet sich der Zug in etlichen Kurven an der Westflanke des Zugspitzmassivs empor. An der Haltestelle Riffelriß auf 1637 Metern gibt es ein paar Minuten Aufenthalt, sodass man kurz aussteigen und den spektakulären Blick ins Tal genießen kann. Danach taucht der Zug in den 4,5 Kilometer langen Zugspitztunnel ein, der zum Zugspitzplatt führt. Die

Angesichts des Eibsees packt Ausflügler die Lust, zu einer der neun Inselchen zu schwimmen.

Station auf 2588 Metern ist Deutschlands höchstgelegener Bahnhof!

Zur Weiterreise vom Zugspitzplatt auf den Gipfel steigt man in die Gletscherbahn um und schwebt in einer Gondel auf 2962 Meter Höhe. Die Aussichtsplattform auf dem Dach der Bergstation bietet einen fantastischen Rundumblick über die Alpen. Bei klarer Sicht sind über 400 Gipfel zu erkennen. Unterhalb liegen der leuchtend blaue Eibsee und im Tal Garmisch-Partenkirchen. Das Gipfelrestaurant Panorama 2962 verwöhnt seine Gäste mit Schmankerln aus der Alpenregion.

Tipp: Auf dem Rückweg kann man vom Gipfel alternativ mit der modernen Seilbahn Zugspitze in zehn Minuten hinunter zum Eibsee surren und hier wieder in die Zugspitzbahn nach Garmisch-Partenkirchen umsteigen. Wer sich vor der Heimreise noch die Beine vertreten möchte, macht einen Abstecher zum klaren Eibsee und umrundet ihn auf dem sieben Kilometer langen Wanderweg.

Fazit: Schauen und schlemmen auf 2962 Metern Höhe? Das ist einfach (Zug-)Spitze!

Hin & weg: Garmisch-Partenkirchen ist mit Nah- und Fernverkehrszügen aus München zu erreichen. Hier fährt die Bayerische Zugspitzbahn (BZB) auf die Zugspitze ab.

Beste Reisezeit: ganzjährig

Dauer & Strecke: 1 Tag. Die Fahrtzeit auf der 19 km langen Strecke von Garmisch-Partenkirchen zum Zugspitzplatt beträgt 1 Std. und 13 Min. Die BZB fährt täglich im Stundentakt.

Tickets & Tarife: Die BZB hat ein eigenes Tarifsystem (www.zugspitze.de).

BADEN MIT BROTZEIT

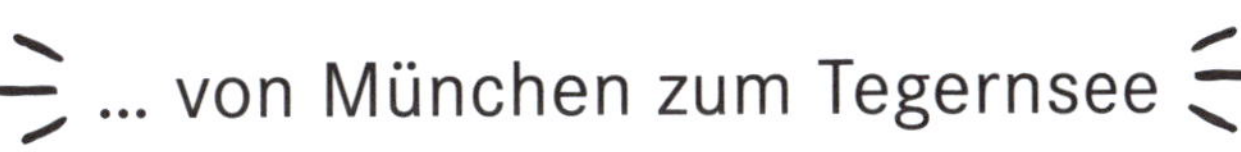

Nur gut eine Stunde dauert die Fahrt mit der Bayerischen Regiobahn (BRB) von München an den Tegernsee, der sowohl zu Spaziergang oder Wanderung als auch zum Baden einlädt. Noch schöner wird der Ausflug mit einer Einkehr am Seeufer.

#Mangfall #NordicWalking #StandUpPaddling

Herrliche Wander- und Radwege säumen die Ufer von Isar und Tegernsee. Unterwegs warten sonnenwarme Kiesstrände oder sattgrüne Wiesen und Bänke.

Bahnfahren ist ganz einfach: Ticket kaufen, einsteigen, los geht's. Nur wer von München ins Bayerische Oberland reisen möchte, muss vor der Abfahrt genau hinschauen – und in den richtigen Zugteil einsteigen. Denn die Bayerische Regiobahn (BRB) steuert drei verschiedene Ziele gleichzeitig an. Jeder Zug besteht aus drei Einheiten, die gemeinsam nach Holzkirchen fahren. Dort wird ein Zugteil nach Bayrischzell abgekuppelt, während die anderen beiden zusammen nach Schaftlach rollen. Hier wird der Zug erneut geteilt. Eine Einheit fährt weiter nach Lenggries, die andere nach Tegernsee. Aber außen und innen wird angezeigt, wohin die Reise geht.

Brummend setzt sich die lange Wagenschlange in Bewegung und windet sich aus dem Münchner Hauptbahnhof heraus. In flotter Fahrt geht es durch die südlichen Vororte, ehe nach einer Linkskurve die 258 Meter lange und 42 Meter hohe Großhesseloher Brücke überquert wird. Tief unten fließt die Isar durch ihr steiniges Bett. In einer weiten Rechtskurve verlässt der Zug das Münchner Stadtgebiet, passiert den Perlacher Forst und hat wenig später die hügelige Wald- und Wiesenlandschaft des Bayerischen Oberlands erreicht. Über Holzkirchen, wo der Zugteil nach Bayrischzell abgekuppelt wird, geht es nach Schaftlach. Während der Zugteil nach Lenggries in westlicher Richtung davoneilt, wechselt der Zugteil nach Tegernsee die Fahrtrichtung und schwenkt nach Süden. Die Strecke führt kurvenreich durch sanft gewellte Wiesen, und der Zug ist nun viel gemächlicher unterwegs. Immer öfter schiebt sich die scharf gezackte Silhouette der Alpen ins Bild. Noch eine enge Linkskurve, dann ist der Bahnhof Gmund (Tegernsee) erreicht.

Der kleine Ort liegt am Nordufer des Sees, der hier in die Mangfall abfließt. Über den Dächern erhebt sich die Barockkirche Sankt Ägidius. Im Strandbad Kaltenbrunn, das einen wunderschönen Ausblick über den See auf die Berge bietet, lädt das glasklare Wasser zu einer Abkühlung ein. Anschließend kann man sich mit einem Haferl Kaffee und einem Stück Bienenstich in der Konditorei Wagner am Bahnhof stärken (www.cafe-wagner.de).

Ab Gmund verläuft die Strecke am Ostufer des Sees – die beste Aussicht hat man auf der in Fahrtrichtung rechten Seite. Wenig später rollt der Zug in den Zielbahnhof Tegernsee. Die Bahnhofstraße führt ans Ufer – und zu einer Brotzeit ins Herzogliche Braustüberl, das sich im Schloss Tegernsee befindet (www.braustuberl.de).

Tipp: Wer sich vor einer Einkehr im Braustüberl noch etwas Seewind um die Nase wehen lassen möchte, kann mit einem der Linienschiffe eine kleine Rundfahrt nach Rottach-Egern und Bad Wiessee unternehmen (www.seenschifffahrt.de).

FAZIT: STADT, LAND, SEE – AUF DIESER TOUR IST ALLES DABEI!

Hin & weg: Der Münchner Hauptbahnhof ist mit Nah- und Fernverkehrszügen gut zu erreichen. Hier fährt die Bayerische Regiobahn (RB 57) nach Tegernsee ab.

Beste Reisezeit: Frühjahr bis Herbst, wenn Linienschiffe auf dem Tegernsee verkehren

Dauer & Strecke: 1 Tag. Die Fahrtzeit auf der 60 km langen Strecke von München nach Tegernsee beträgt rund 1 Std. Die RB 57 fährt täglich mindestens im Stundentakt. An schönen Sommerwochenenden können die Züge voll werden – dann nimmt man morgens besser einen früheren Zug und fährt abends später zurück.

Tickets & Tarife: Gültig sind der Deutschlandtarif, das Bayern-Ticket und das Deutschlandticket.

DURCH DEN WALD

… von Plattling über Zwiesel nach Spiegelau

#52

Die Waldbahn macht ihrem Namen alle Ehre. Durch dichte und lichte Mischwälder geht es 400 Höhenmeter hinauf in den Nationalpark Bayerischer Wald.

#Luchs #GläsernerSteig #Glasmuseum #Säumerpfade

Den besten Überlick über den Bayerischen Wald verschafft man sich beim Nationalparkzentrum Lusen auf dem Baumei.

Plattling ist ein Eisenbahnknotenpunkt in Niederbayern, an dem die Strecken aus Nürnberg, München und Passau zusammentreffen. Hier starten auch die Züge der Waldbahn, die als Regionalbahn RB 35 nach Zwiesel fährt. Der grün-gelb lackierte Dieseltriebwagen verlässt den Bahnhof in Richtung Osten. Fast schnurgerade geht es in flottem Tempo durch die Donauniederung. Wenig später wird der breite Strom auf einer 466 Meter langen Brücke überquert, und der Zug läuft in Deggendorf ein. Die historische Altstadt wird vom breiten Markt durchzogen, auf dem sich das Alte Rathaus aus dem Jahr 1535 erhebt. In der Schlachthausgasse nimmt die Brunnenfigur der „Knödelwerferin" Bezug auf die

Deggendorfer Knödelsage, nach der ein beherzter Knödelwurf die Bürger der Stadt bei einer Belagerung gerettet haben soll.

Im Fahrtverlauf erklimmt die Waldbahn den Bayerischen Wald. Kurz hinter Deggendorf wird eine doppelte Kehrschleife durchfahren, um an Höhe zu gewinnen. Die Dieselmotoren arbeiten schwer, um die 250 Höhenmeter bis Zwiesel zu bewältigen. Hinter Triefenried biegt der Zug in das wildromantische Flusstal des Schwarzen Regens ein. Nach rund 50 Minuten Fahrtzeit ist der Bahnhof Zwiesel erreicht. Hier müssen die Reisenden in einen anderen Triebwagen umsteigen, der als RB 36 nach Spiegelau weiterfährt. Wer möchte, kann in Zwiesel einen Aufenthalt einplanen und sich im Waldmuseum mit dem Leben im Bayerischen Wald vertraut machen. Spektakulärer – und vielleicht auch ein bisschen irre – erscheint die Glaspyramide der Zwiesel Kristallglas AG. Das Rekord-Bauwerk besteht aus über 93 000 Weingläsern und ist rund acht Meter hoch.

Kristallkar wie die Wasserläufe – rechts die Große Ohe bei Spiegelau – ist das Bayerwaldglas, davon zeugen Zehntausende Weingläser in Zwiesel.

Der Waldbahn-Triebwagen kommt auf der kurvenreichen Nebenstrecke nach Spiegelau nur gemächlich voran. Zudem geht es wieder steil bergauf. Am Haltepunkt Klingenbrunn erreicht die Strecke mit 756 Metern ihren höchsten Punkt. Kurz darauf rollt der Zug in den Bahnhof Spiegelau ein. Gleich in der Nähe befindet sich ein Waldspielgelände, auf dem sich die Kleinsten nach der langen Bahnfahrt so richtig austoben können. Dazu ge-

hört auch ein zwei Kilometer langer Naturerlebnispfad, dessen Erkundung alle Sinne fordert. Etwas anspruchsvoller ist hingegen die Wanderung durch die Steinklamm, eine bis zu 100 Meter tiefe Felsenschlucht, die von der Großen Ohe durchflossen wird. Der Eingang zur wildromantischen Klamm befindet sich nur knapp einen Kilometer südlich des Bahnhofs Spiegelau.

Hin & weg: Der Bahnhof Plattling ist mit Nah- und Fernverkehrszügen aus Nürnberg, München und Passau zu erreichen. Hier fährt die Waldbahn (RB 35 und RB 36) nach Zwiesel und Spiegelau ab.

Beste Reisezeit: Frühjahr bis Herbst

Dauer & Strecke: 1–2 Tage. Die Fahrtzeit auf der 77 km langen Strecke von Plattling über Zwiesel nach Spiegelau beträgt 1 Std. und 22 Min. Die Waldbahn fährt täglich im Stundentakt.

Tickets & Tarife: Gültig sind der Deutschlandtarif, das Bayern-Ticket und das Deutschlandticket.

Wenn es Nacht wird: Das Hotel Palmberger in Spiegelau bietet gemütliche Zimmer und einen Wellnessbereich mit Hallenbad und Sauna (www.daspalmberger.de).

Tipp: Am Bahnhof in Spiegelau fahren von Mai bis Oktober die Igelbusse zum Nationalparkzentrum Lusen ab, das als Eingangstor zum Nationalpark Bayerischer Wald gilt. Hier startet der Wanderweg auf den 1373 Meter hohen Lusen. Alternativ folgt man dem Baumwipfelpfad auf das 44 Meter hohe Baumei, das einen wunderschönen Ausblick über den umliegenden Nationalpark eröffnet (www.nationalpark-bayerischer-wald.bayern.de).

FAZIT: HÖHENREKORDE SIND HIER INKLUSIVE – MINDESTENS EINE ÜBERNACHTUNG EINPLANEN!

Lahn und Bahn – die Gleise laufen meist dicht am Fluss entlang, so auch in Bad Ems …

AUSZEIT. ABENTEUER. LEBENSFREUDE.

SONST NOCH WICHTIG

IM NORDEN
ZÜGE UND MEER

IM HERZEN
GLEISE INS GRÜNE

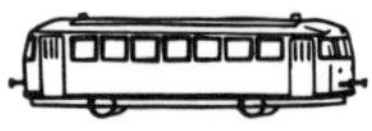

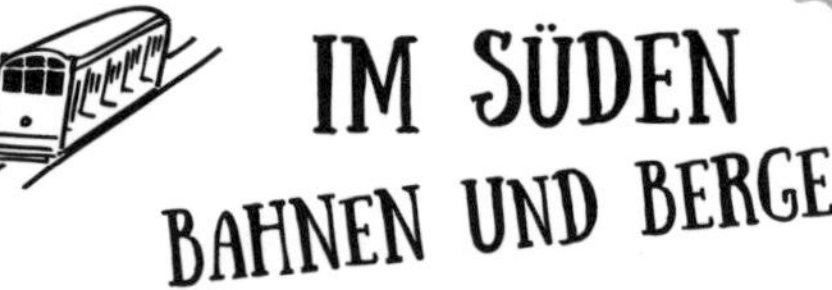

IM SÜDEN
BAHNEN UND BERGE

Ein- und Überblick

Auf den folgenden Seiten gibt es eine Karte für den schnellen Überblick, praktische Tipps für die Reise mit dem Zug, ein Ortsregister zum schnellen Nachschlagen sowie fünf besondere Empfehlungen.

ALLE ESKAPADEN AUF EINEN BLICK

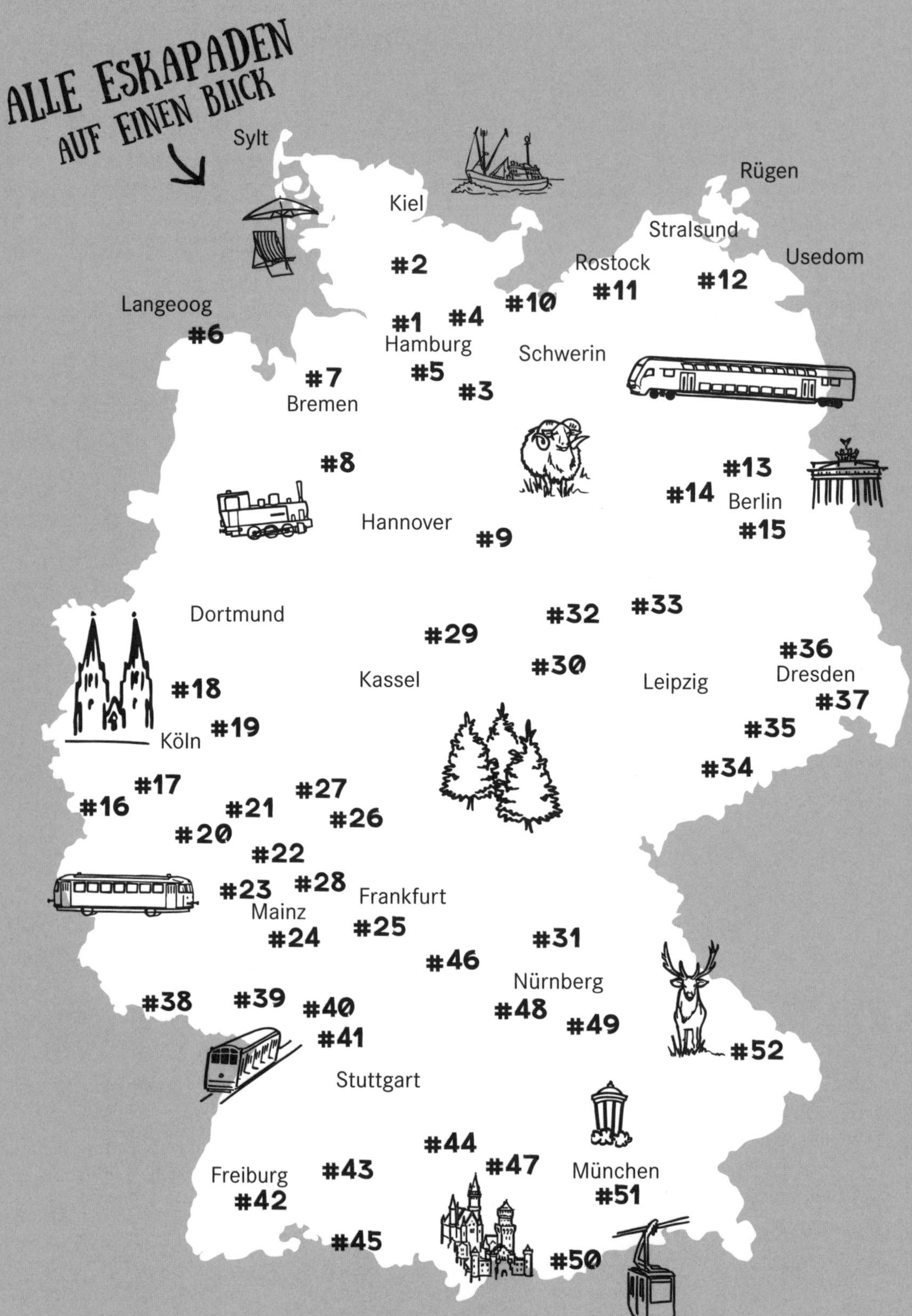

GPX-Download aufs Smartphone – so geht's

Voraussetzung:

Eine Outdoor-App muss installiert sein, z. B. KOMPASS, Outdooractive oder Komoot. Zum Einlesen des QR-Codes benötigen ältere Android-Geräte eine QR-Code-App. Bei neueren Android- und iOS-Geräten ist diese Funktion in der Kamera integriert.

Daten downloaden:

1. Den QR-Code einlesen oder die Webadresse im Browser eingeben, um auf die Eskapaden-Website zu gelangen.
2. Die gewünschte Tour zum Download anklicken.
3. Bei iOS Geräten werden die GPX-Daten direkt mit der vorab installierten App verknüpft. Bei Android-Geräten muss ggf. noch ein Weiterleiten-Button geklickt werden (z. B. oben rechts im Display). Manche Apps zeigen den Tourverlauf starr an, andere haben eine Navigationsfunktion dabei.

Tourenverlauf

GPX-Daten zum kostenlosen Download
www.dumontreise.de/eskapaden/zugreisen

short.travel/m689d

REISE TIPPS

Einfach einsteigen und losfahren! Diese Devise gilt nicht erst seit dem Deutschlandticket. In kaum einem anderen Land Europas ist das Reisen mit der Bahn so unkompliziert und angenehm wie hierzulande, auf kurzen wie auf langen Strecken. Auf den meisten Verbindungen sind moderne Züge unterwegs, die üblicherweise mindestens im Ein- oder Zweistundentakt fahren. In den großen Städten und im stadtnahen Umland kommen S-Bahnen und U-Bahnen sowie die Straßenbahn noch deutlich öfter, teilweise alle paar Minuten. Mit einigen kleinen Tipps wird die Eskapade auf Schienen zur einem herrlichen Erlebnis für alle Mitfahrenden.

TICKETS UND TARIFE

Grundsätzlich gilt: Vor der Abfahrt bzw. vor dem Einsteigen in einen Zug müssen alle Reisenden ein gültiges Ticket erwerben. Ausnahmen gibt es nur bei Freizeit- und Museumseisenbahnen, wo der Fahrschein auch während der Fahrt beim Schaffner gekauft werden kann. Nur wenn es auf dem Bahnsteig keinen Ticketautomaten gibt oder dieser defekt ist, darf man auch ohne Fahrschein einsteigen, sollte sich aber gleich beim Zugpersonal melden, um sein Ticket beim Kundenbetreuer (oder beim Umsteigen am nächsten Bahnhof) nachzulösen.

Der Tarifdschungel der Eisenbahn ist dicht, aber nicht undurchschaubar. Im Nahverkehr, zu dem die Regionalbahn (RB), der Regionalexpress (RE) und die S-Bahn gehören, gilt landesweit der Deutschlandtarif. Mitunter wird der Deutschlandtarif auch von den Tarifen der Verkehrsverbünde überdeckt: Ganz im Norden gilt beispielsweise der Schleswig-Holstein-Tarif, während es rund um Frankfurt (Main) den Tarif des Rhein-Main-Verkehrsverbunds (RMV) gibt. Beim Ticketkauf am Automaten oder im Internet ist das kein Problem: Man muss nur ein Ticket lösen, das ggf. verbundübergreifend ausgestellt wird. Hier wie dort gibt man den Zielbahnhof ein, das Datum, die Anzahl der Reisenden, mögliche Vergünstigungen (wie zum Beispiel eine Bahncard) und wählt eine der angezeigten Verbindungen aus. Bezahlt werden kann am Automaten mit Bargeld oder mit Debit- bzw. Kreditkarte.

Wer einen Tagesausflug plant bzw. noch am selben Tag wieder zurückreisen möchte, sollte sich im Internet, am Ticketautomaten oder am Bahnhof über Tages- und Gruppenkarten informieren. Diese sind meist viel günstiger als der Erwerb von einzelnen Fahrscheinen. Für alle Bundesländer gibt es Ländertickets, die für einen Tag ab 9 Uhr morgens (an Wochenenden und Feiertagen ganztägig) freie Fahrt in der 2. Klasse aller Nahverkehrszüge und in Bussen bieten. Die Ländertickets sind für Alleinreisende oder Gruppen erhältlich. In einigen Ländern, beispielsweise in Bayern, gibt es das Länderticket auch für die 1. Klasse. Von den Verkehrsverbünden werden auch noch günstigere Tages- und Gruppenkarten angeboten. Über den Deutschlandtarif und die Ländertickets informiert die Deutsche Bahn (DB AG) unter www.bahn.de.

Wer häufiger unterwegs ist, kann sich auch das Deutschlandticket zulegen. Dieses bietet einen Kalendermonat lang freie Fahrt in allen regulären Nahverkehrszügen (nur 2. Klasse) und -bussen in Deutschland. Freizeitverkehre wie Berg- und Museumsbahnen sind meist ausgenommen. Auf einzelnen Strecken, zum Beispiel von Berlin nach Rostock (siehe Eskapade #13), kann man sogar den Intercity nehmen. Anders als bei den Ländertickets gibt es keine zeitlichen Begrenzungen, man kann also schon vor 9 Uhr morgens starten. Das Deutschlandticket ist digital bzw. online bei zahlreichen Verkehrsunternehmen erhältlich. Wer die Adresse www.deutschlandticket.de eingibt, landet bei der Transdev-Gruppe, einem privaten Verkehrsanbieter. Hier werden auf einer FAQ-Liste auch alle Fragen rund um das Deutschlandticket beantwortet.

Unterwegs mit Kindern

Kinder unter sechs Jahren fahren in allen Nahverkehrszügen und -bussen kostenlos mit. In vielen Fällen reisen auch Kinder bis einschließlich 14 Jahren kostenfrei, sofern sie in Begleitung eines Erwachsenen mit Fahrschein unterwegs sind. Ab 15 Jahren benötigen Kinder ein eigenes Ticket bzw. werden bei Gruppenkarten als Reisende gewertet. Beim Deutschlandticket können nur Kinder unter sechs Jahren kostenfrei mitfahren, ältere Kinder brauchen ein eigenes Deutschlandticket.

Viele Nah- und Fernverkehrszüge bieten fröhlich gestaltete Familienbereiche mit Tischen und genügend Platz für Taschen und Rucksäcke. Oft sind die Familienbereiche, die außen am Zug durch Piktogramme zu

Die Nahverkehrszüge haben Mehrzweckbereiche, in denen Fahrräder und Kinderwagen mitgenommen werden können. Alles, was Räder hat, sollte durch Gurte oder ein Schloss vor dem Wegrollen gesichert werden.

erkennen sind, auch nahe einer Toilette mit Wickeltisch angeordnet. In vielen Zügen wird zudem kostenfreies WLAN angeboten – falls beim Nachwuchs also Langeweile aufkommen sollte, lässt sich online ein Lieblingsspiel spielen oder ein Film anschauen. Für kleine Eisenbahnfans gibt es auch auf der DB-Website www.der-kleine-ice.de viel zu entdecken.

Das Fahrrad mitnehmen

Wer am Zielort eine Runde mit dem Fahrrad drehen möchte, kann sich entweder vor Ort ein Zweirad mieten oder sein eigenes Bike im Zug mitnehmen. Im Fernverkehr, also im IC und im ICE, muss (spätestens am Vortag der Reise) immer eine Fahrradkarte gekauft und ein Stellplatz reserviert werden. In den Nahverkehrszügen lässt sich das Fahrrad auch spontan in sogenannten Mehrzweckbereichen mitnehmen, die von außen durch Piktogramme zu erkennen sind. Für das Fahrrad muss meist eine Fahrradkarte gelöst werden, wie die „Fahrradtageskarte Nahverkehr", die einen Tag lang in ganz Deutschland gilt. Mancherorts lässt sich das Fahrrad sogar kostenlos mitnehmen, etwa nach 9 Uhr (an Wochenenden und Feiertagen ganztägig) in Baden-Württemberg, in Rheinland-Pfalz, im Saarland, in Sachsen-Anhalt und in Thüringen sowie im Rhein-Main-Verkehrsverbund (RMV). Auch in Hamburg kann man sein Bike kostenfrei in S- und U-Bahnen mitnehmen, montags bis freitags allerdings nicht im Berufsverkehr. Mehr Infos zum Ausleihen und Mitnehmen von Fahrrädern gibt es unter www.bahn.de und bei den Verkehrsverbünden.

Elektroräder (Pedelecs) werden problemlos mitgenommen, Tandems, Liege- oder Dreiräder nur bei genügend Platz und nach Anmeldung beim jeweiligen Betreiber. Fahrradanhänger werden nur befördert, wenn sie zusammengefaltet sind. Damit möglichst viele Fahrräder in die Mehrzweckbereiche passen, sollte man Körbe und Packtaschen abnehmen. Die Anzahl der Stellplätze im Zug ist begrenzt, und gerade an Wochenenden im Sommer können die Kapazitäten schnell erschöpft sein. Dann sollte man auf spätere Züge ausweichen, den Ausflug mit dem Rad unter der Woche planen oder am Zielort ein Rad mieten.

Barrierefrei reisen

In modernen Nah- und Fernverkehrszügen finden Rollstuhlreisende mindestens ein bis zwei Stellplätze, die meist in der Nähe einer barrierefreien Toilette eingerichtet sind. Diese Plätze haben Notrufknöpfe und sind mit Sitzen für Begleitpersonen ausgestattet. Viele Eskapaden in diesem Buch lassen sich auch mit dem Rollstuhl erleben, unter anderem die Touren #4, #10, #25, #29, #38 und #42. Aufgrund der barrierefrei zu erreichenden Bahnsteige und Fahrzeuge kann man hier ohne fremde Hilfe reisen. In vielen anderen Fällen hilft das Zugpersonal mit Faltrampen beim Ein- und Aussteigen. Allerdings können die Fahrstühle an den Bahnsteigen auch einmal defekt sein oder ältere Züge mit Stufen zum Einsatz kommen. Damit die Eskapade dann nicht vorzeitig endet, sollte man spätestens am Vortag der Reise mit der Mobilitätsservice-Zentrale der

Rollstuhlfahrer können sich am Bahnhof und im Internet darüber informieren, ob die Reise barrierefrei ist.

DB unter www.bahn.de Kontakt aufnehmen. Die Mitarbeiter wissen, ob die Stationen barrierefrei sind und organisieren ggf. Hilfeleistungen durch Servicepersonal.

Bello kommt mit

Für einen kleinen Hund (bis zur Größe einer Hauskatze) wird keine Fahrkarte gebraucht, wenn das Tier in einem Transportbehältnis mitgenommen wird. Ist der Hund größer, muss ein eigenes Ticket zum halben Preis gelöst werden. Alle Hunde, die nicht in einer Transportbox befördert werden, müssen angeleint sein und einen Maulkorb tragen. Nur Blindenführhunde und gekennzeichnete Assistenzhunde fahren immer kostenfrei und benötigen auch keinen Maulkorb.

Noch mehr Eskapaden ...

Das gesamte Programm gibt's im Buchhandel
und unter www.dumontreise.de 

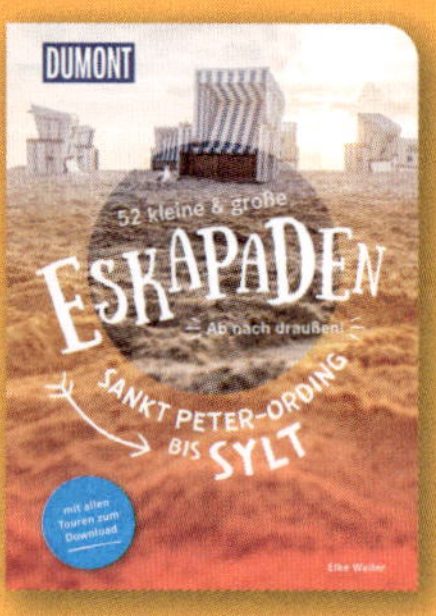

ISBN 978-3-7701-8076-9

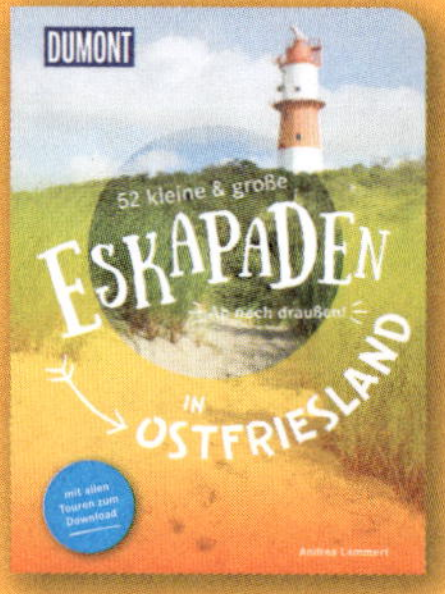

ISBN 978-3-7701-8098-1

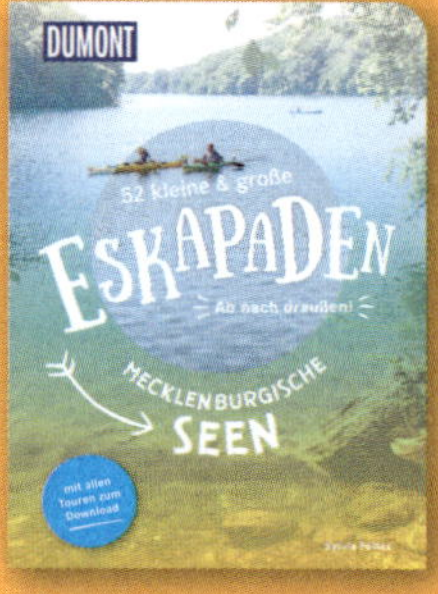

ISBN 978-3-7701-8084-4

ISBN 978-3-7701-8082-0

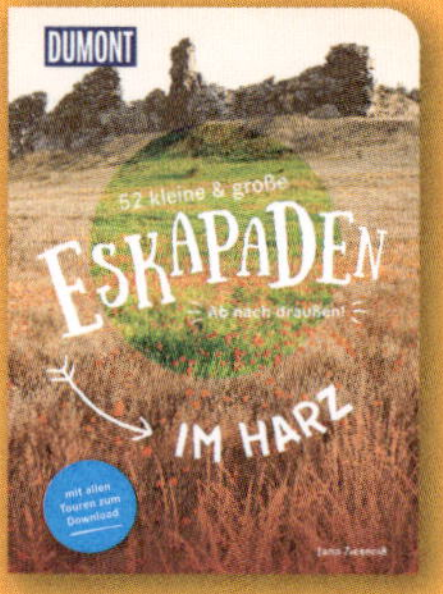

ISBN 978-3-7701-8072-1

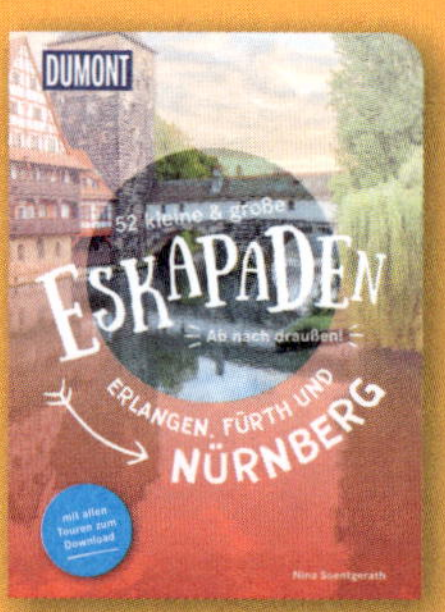

ISBN 978-3-616-11002-8

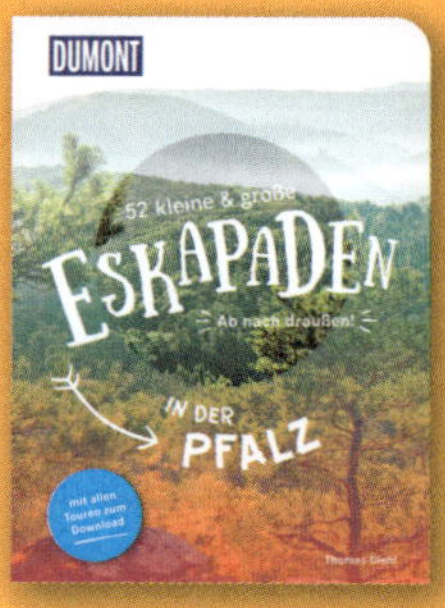

ISBN 978-3-7701-8094-3

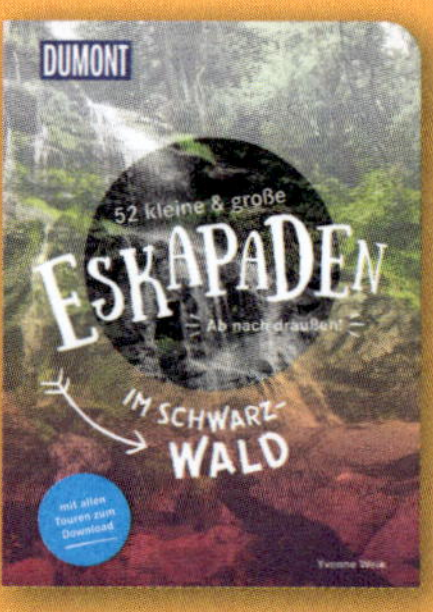

ISBN 978-3-7701-8078-3

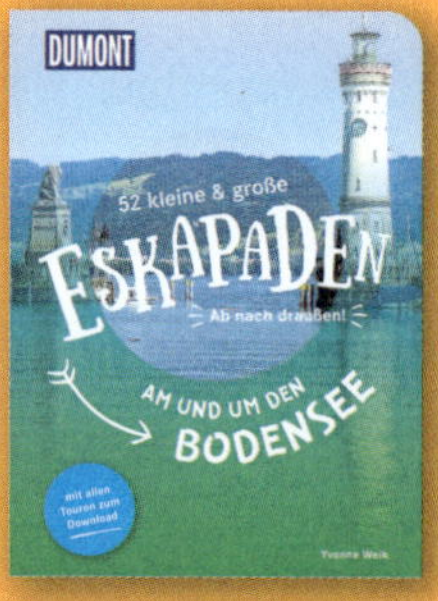

ISBN 978-3-616-11012-7

ISBN 978-3-7701-8088-2

draußen unterwegs quer durch Deutschland

ISBN 978-3-7701-8228-2

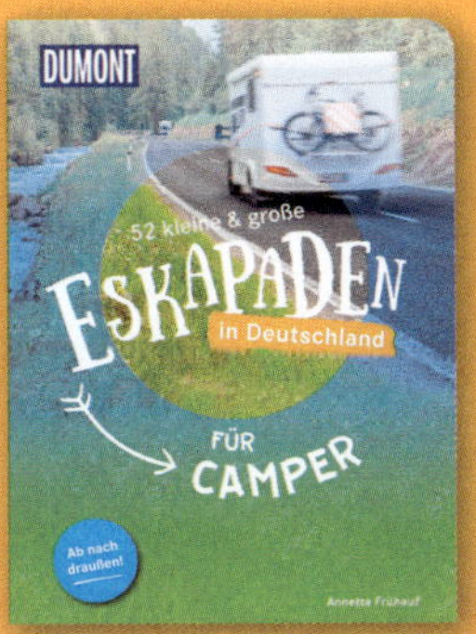

ISBN 978-3-616-11020-2

ISBN 978-3-616-02814-9

ISBN 978-3-616-11021-9

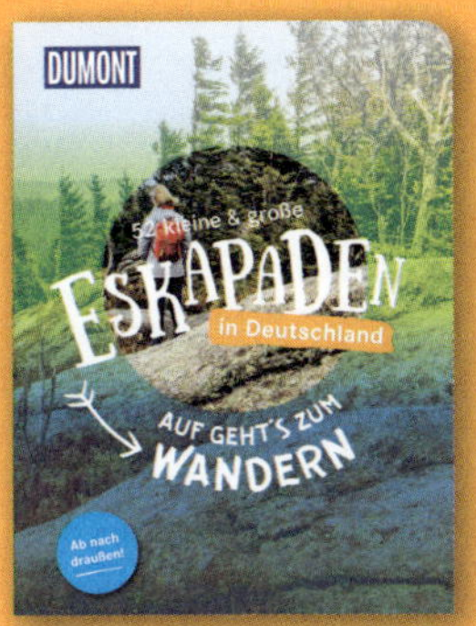

ISBN 978-3-616-11023-3

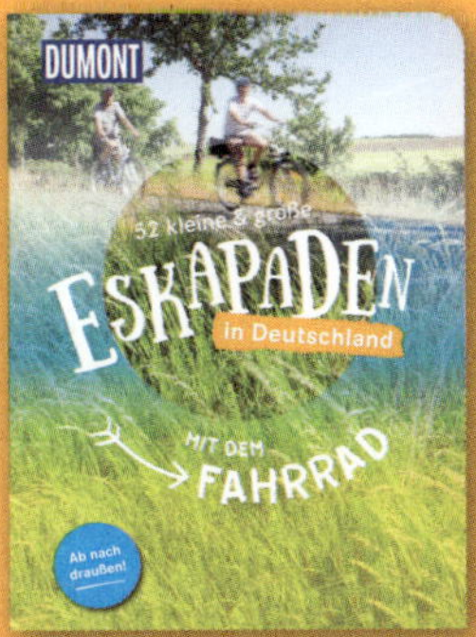

ISBN 978-3-616-03102-6

ISBN 978-3-7701-8233-6

ISBN 978-3-616-03100-2

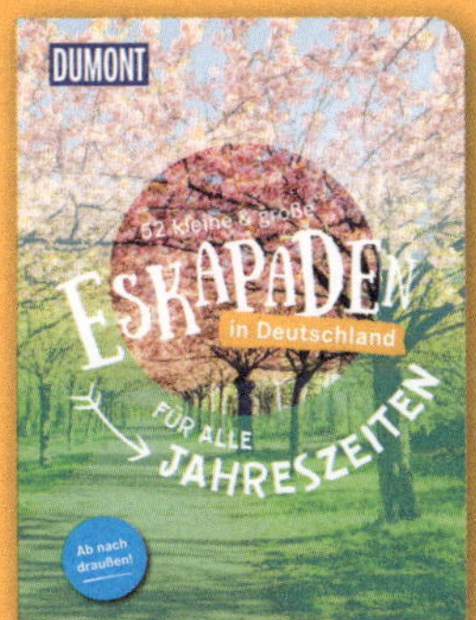

ISBN 978-3-7701-8235-0

ISBN 978-3-616-02811-8

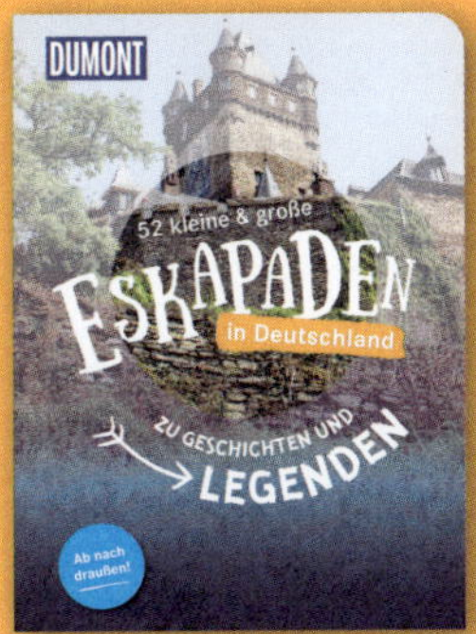

ISBN 978-3-7701-8232-9

Impressum

Wer hat was gemacht?

Reihenkonzept Monique Sorban
Projektmanagement Anne-Katrin Scheiter
Cover-/Buchgestaltung & Illustrationen Carolin Weidemann, Köln, www.weidemann-design.com
Text & Satz Tim Schulz, Mainz
Lektorat Renate Nöldeke, München

Fotos Stefan Heinz, Volker Rössler und Tim Schulz, mit folgenden Ausnahmen: Bayerische Oberlandbahn GmbH/Dietmar Denger (Titelbild, S. 205, 218-2); Bildarchiv Trinom/Markus Tiedt (128); Brohltal-Schmalspureisenbahn Betriebs-GmbH/Walter Brueck (92); Deutsche Bahn AG/Pierre Adenis (66-2), Axel Hartmann Fotografie (74-2), Frank Barteld (2) Volker Emersleben (21-1, 54-2, 82), Martin Förster (159), Tom Gundelwein (234), Max Lautenschläger (232, 235), Christoph Müller (231), Georg Wagner (162/163, 186-2); Deutschen Fußballmuseum (DFM) (77-1); Dresdner Verkehrsbetriebe AG (DVB)/Claudia Spitzer (157-1); Eifel Tourismus GmbH/Dominik Ketz (93, 99); Erlebnis Akademie AG/Christian Rothbauer (223); Fotoarchiv Tourismusverband Prignitz eV/Markus Tiemann (62-2, 64-1); Geschäftsstelle Biosphärengebiet Schwäbische Alb/Rainer Enkelmann (190-1, 193), Katrin Rochner (192); Heidelberg Marketing GmbH/Tobias Schwerdt (177-1); Katamaran-Reederei Bodensee GmbH & Co. KG (197); Mosellandtouristik GmbH/Dominik Ketz (168); Nationalpark Jasmund/Ingolf Stodian (51); Nationalparkverwaltung Bayerischer Wald/Rainer Simonis (222); picture alliance/DUMONT Bildarchiv: Michael Campo (212), Reinhard Eisele (217), Peter Hirth (158), Martin Kirchner (76, 182), Georg Knoll (134-1, 136-1, 198-1), Katja Kreder (202-1), Thomas Linkel (210-1), Sabine Lubenow (52, 53-2, 66-1), Joerg Modrow (186-1, 189-1), Johann Scheibner (50, 64-2, 146-2), Arthur Selbach (101); Rheinhessen-Touristik GmbH/Dominik Ketz (70/71); Rheinland-Pfalz Tourismus GmbH/ Dominik Ketz (90, 91, 102-1, 112, 166-2, 226/227), Florian Trykowski (110, 111); Romantischer Rhein Tourismus GmbH/ Dominik Ketz (169); shutterstock.com/13threephotography (215), alfotokunst (86-1, 118-2, 121), Alice-D (94-2), Animaflora PicsStock (207), aquatarkus (157-2), Uwe Aranas (83, 85-2), Art_Pictures (116), Zvonimir Atletic (200), Katja B (14-1), been.there.recently (220); canadastock (20), DaLiu (218-1), Simon Dannhauer (160), Yuriy Davats (194), dba duplessis (120); dugdax (48, 59, 114-1, 117-2), Tilman Ehrcke (56), engel.ac (74-1), Martin Erdniss (224), Juergen Faelchle (221), Firn (109, 170-1, 170-2, 173-2), FlorianKunde (18), FooT-Too (19, 37-2), Fotorufis (85-1), foto-select (29, 34), Birte Gernhardt (28-1), GRACIELLADEMONNE (69-2), guentermanaus (49), HeadSpinPhoto (94-1, 96), Angelika Heine (155), Marcus Hofmann (138, 140), Julian Hopff (84), iceink (185), Ineke Huizing Fotografie (184-2), Tanya Jones (209), Joppi (78), K I Photography (141), kacege (60-1), Pawel Kazmierczak (10), Bernhard Klar (79), Heiko Kueverling (130, 132), Ralf Lehmann (150-2), LianeM (154), Harald Lueder (178-2), Markus Mainka (195), Majonit (17-2, 196), mapman (46), Felix Marx (53-1), Mig Phoenix (80), Juan Carlos Munoz (81), MXW Stock (133), C. Nass (106-2), ohenze (139), Paranamir (86-2), petersemler-photography (11), Heide Pinkall (38, 41-2), Stefan Pinter (181), Edler von Rabenstein (146-1), Randy Pr (62-1), Volker Rauch (14-2), Dietmar Rauscher (16), Matyas Rehak (214), Larisa Riabinina (134-2), Olha Rohulya (118-1), Andreas Rose (161), Christian Rueger (198-2), saiko3p (189-2, 213), Jan Schneckenhaus (89-1), Oleg Senkov (148), Ralf Siegelmann (166-1), Sina Ettmer Photography (22-1, 47, 216), Skel Industries (173-1), StGrafix (225), Jacques Tarnero (17-1), trabantos (177-2), Traveller70 (77-2), Anibal Trejo (22-2), Yuri Turkov (106-1, 204), Uellue (183), UllrichG (58, 156), Marc Venema (21-2), Dennis Wegewijs(184-1), Wolfilser (202-2), Andreas Wolochow (57-2), Bjoern Wylezich (60-2, 61), Mikalai Nick Zastsenski (100, 201); STERNEVENT GmbH/Stefan Harnisch (137); Südheide Gifhorn GmbH (42-1, 44, 45); www.DirkUhlenbrock.de (26-1).

Kartografie © KOMPASS, Innsbruck. Kartenerstellung unter Verwendung von Kartendaten von OpenStreetMap, Lizenz CC-BY-SA 2.0

1. Auflage 2024

ISBN 978-3-616-03282-5
www.dumontreise.de

Printed in Poland

Eskapaden-Register ...

Alle Orte mit Seitenverweisen

Mit dem Zug ans Meer

Gibt es etwas Schöneres als einen Tag am Wasser? An der Nordsee locken die Inseln Sylt (#1) und Langeoog (#6) sowie das Hafenstädtchen Büsum (#2), während an der Ostsee die Sandstrände von Lübeck-Travemünde Strand (#4) und Warnemünde (#13) sowie die Inseln Rügen (#11) und Usedom (#12) angesteuert werden.

An Flüssen entlang

Viele Bahnstrecken folgen Flüssen. Besonders reizvoll sind die Linien an der Lahn (#21), am Mittelrhein zwischen Mainz und Koblenz (#23) sowie an der Saar von Saarbrücken nach Trier (#38). Aber auch eine Zugfahrt durch das stille Rurtal (#17) hat ihren Charme.

5 BESONDERE EMPFEHLUNGEN ...

Auf die Berge

Steil bergauf geht es nicht nur in den Alpen, sondern auch mit den Standseilbahnen in Wiesbaden (#28), Dresden (#36) und Heidelberg (#40). Mit Dampf wird im Harz der Brocken erklommen (#32), und die Zugspitzbahn (#50) endet in Deutschlands höchstgelegenem Bahnhof.

In historischen Zügen

Auf vielen Museums- und Freizeitbahnen sind alte Dampfloks und Triebwagen unterwegs. Deutschlands älteste Museumsbahn dampft von Bruchhausen-Vilsen nach Asendorf (#8), der Moorexpress hält im Künstlerdorf Worpswede (#7), im offenen Cabriowagen geht es in die Vulkaneifel (#20), und Schienenbusse aus den 1960er-Jahren erschließen die Wanderwege im Kasbachtal (#21) sowie im Kraichgau (#41).

Mitten durch die Stadt

Ganz neue Seiten (s)einer Stadt lernt man von der Schiene aus kennen. In Hamburg (#5) und Berlin (#15) kreisen U- und S-Bahnen durchs Zentrum, in Mainz (#24) folgt man den Spuren der Mainzelmännchen mit der Tram, und in Nürnberg (#48) lässt sich ein goldener U-Bahnhof entdecken.

Auf dem Weg nach Jena und Naumburg folgen die Bahngleise der Saale – vom Zugfenster aus lässt sich das Flusstal entspannt überblicken.

Abenteuer
ESKAPADEN
AUSZEIT
AUSGLEICH
Wochenende
LÄCHELN
STADT.LAND.
FLUSS.
LEICHTIG-
KEIT
FREE
ERLEBEN
GRÜN
kleine
Fluchten
Wege
Lebensfreude
GLÜCK
Bitte einsteigen!